JN254270

NTÁBRICO
FRANCIA
ntander
Laredo
Bilbao
San Sebastián
ANTABRIA
PAÍS VASCO
Vitoria
Pamplona
Pirineos
ANDORRA
ANDORRA LA VELLA
Jaca
Aneto (3408)
NAVARRA
Burgos
Logroño
LA RIOJA
Huesca
CATALUÑA
alencia
Gerona
Soria
ÓN
Aranda de Duero
Zaragoza
Lérida
Costa Brava
Ebro
Barcelona
Sistema Ibérico
ARAGÓN
Tarragona
a del Campo
Costa Dorada
Segovia
Guadalajara
Cabo de Tortosa
MADRID
Alcalá de Henares
vila
MADRID
Teruel
Menorca
Mallorca
Aranjuez
Reina
Castellón de la Plana
Toledo
Palma
Manacor
Cuenca
Alcazar de San Juan
Turia
Valencia
CASTILLA-LA MANCHA
Ibiza
ISLAS BALEARES
Júcar
VALENCIA
Ibiza
Albacete
Cabo de San Antonio
Formentera
Ciudad Real
Valdepenas
MAR MEDITERRÁNEO
Alicante
Costa Blanca
Elche
Jaén
Béticos
MURCIA
Murcia
Cartagena
DALUCÍA
Sistemas
Granada
Mulhacén (3482)
Almería
Sierra Nevada
Sol
Cabo de Gata
ARGELIA
Melilla

Por escrito 1

Paloma Trenado
Juan Carlos Moyano
Hanako Saito

Editorial Dogakusha

Prólogo

Por escrito surge en 2010 de la necesidad de un material para practicar la expresión escrita en español como complemento a nuestras clases de conversación y gramática. No existía hasta ese momento en el mercado editorial japonés un material específico para la práctica de esta destreza que tuviera en cuenta las peculiaridades del alumnado japonés, así como la duración del curso universitario. Esta situación nos llevó a crear nuestras propias actividades de composición y a ponerlas en práctica con nuestros alumnos durante estos cuatro últimos años. El resultado final es este manual que tenéis delante y cuyo objetivo no es otro que aprender español a través de la escritura.

Por escrito está dividido en doce unidades de cuatro páginas que siguen una progresión gramatical y léxica similar a la de algunos de los últimos manuales para la enseñanza de español publicados en Japón. Cada unidad contiene modelos adaptados al nivel del estudiante y ejercicios de composición controlada y de preescritura que permitirán al alumno conocer las reglas de morfosintaxis, los mecanismos de cohesión y el vocabulario suficiente que le ayuden a producir textos coherentes y gramaticalmente correctos. A través de estas actividades, el alumno empezará primero a escribir frases, para pasar luego a la elaboración de párrafos, al dominio de los elementos formales y de cohesión y por último a la producción de textos cortos en la *Tarea final*. Esta tarea consiste principalmente en escribir una composición relacionada con el tema de la unidad, para lo que tendrán que fijarse en los modelos y usar el vocabulario y las estructuras gramaticales estudiadas. La tarea se divide en diferentes pasos para ayudar a los alumnos a estructurar mejor su redacción y se potencia el trabajo colaborativo con la práctica en parejas o grupos pequeños. Por último, cada unidad cuenta con una actividad de revisión en la que el alumno puede hacer una autoevaluación de su escrito o evaluarlo con un compañero, atendiendo al registro, a la gramática, al léxico, al uso correcto de la ortografía y a la presentación. Una vez comprobados los pasos anteriores, el alumno escribe la versión final de su escrito, quitando, añadiendo y revisando lo que considere necesario.

Por escrito cuenta también con un apéndice para el estudiante en el que vienen explicados en japonés todos los contenidos gramaticales, léxicos, morfosintácticos y de cohesión necesarios para entender lo que se les pide en cada unidad. Se añade también un apéndice en japonés sobre ortografía, acentuación y puntuación que les será de gran ayuda a la hora de redactar la *Tarea final*. Por último, los profesores podrán tener a su disposición una guía didáctica que incluye sugerencias de trabajo, soluciones, traducción de los apéndices en español y modelos de tareas finales.

Agradecemos a la editorial Dogakusha todo su apoyo en la publicación de este manual, que esperamos sea de utilidad tanto a profesores como a alumnos en la difícil tarea de escribir, y aprender escribiendo, en español. Escribir no es fácil, pero sí puede ser divertido. No tiene por qué ser una práctica individual, que solo se hace en casa. Compartir y aprender juntos es una tarea mucho más agradable y productiva.

Los autores

はじめに

本書は、書きながらスペイン語を身につけていくことを目指したテキストです。スペイン語を書いて表現できるようになることを目標に、クラスメートと一緒に楽しみながら練習できるよう工夫して作られています。この本のみでスペイン語の学習をスタートすることもできますし、会話や文法の授業の補助的な教材として利用することもできます。

本書は 12 課から成り、一課 4 ページ構成です。近年日本で出版されている他のスペイン語教科書とほぼ同様の文法項目や語彙を扱っています。一つの課には、学習のレベルにあったモデル文や作文の練習問題が用意されていて、文法的に正確でまとまりのある文章が書けるように、まずは語の構造や構文、語や文のつながり、必要な語彙を学んでいきます。これらのアクティビティを通して、最初は短い文から始め、次は一段落、文法の規則を理解し習得したのち、最終的にはまとまった文章が書けるようになるでしょう。各課最後の作文課題 Tarea final では、その課の中ですでに学んだモデル文や語彙、文法事項を参考にしながら、各課のテーマに即した内容の作文を完成させます。徐々に文章を組み立てていけるように段階を踏みながら、またペアやグループで協力しながら書くこともできるようになっています。作文ができあがったら、書いた文章を自分で、またはクラスメートと一緒に見直しをするための質問も用意しました。見直しをする際のポイントは、次の通りです。

a) ことばの使い方は作文の内容にふさわしいか。構成は明確で、順序立てて書いているか。

b) 文法事項に注意を払っているか。動詞の時制や法は正しいか。

c) 語彙は適切か。その課で学んだ単語を使用しているか。

d) つづりは正しいか、提出物として形式は適切か。読みやすい文字で書いているか。線で消したりしていないか。余白や行間は十分か。

各課で必要となる文法や語彙、語の構造や文のつながりをよりよく理解できるように、本書には文法補足ページもついています。正書法や様々な記号の使い方の説明も巻末に載せてありますので、作文課題 Tarea final を準備する際に役立ててください。

書く力をつけるためにいちばんおすすめの方法は、たくさん書くことです。上手に書けるようになるためには毎日練習をし、間違いを正してもらうという方法が最適でしょう。スペイン語を書くことは簡単ではありません。しかしそれを楽しむことは可能です。家で一人で練習するだけではなく、グループで書いてもかまいません。仲間と一緒に考えれば、学習はより楽しくなるはずです。さあ、頑張りましょう。

著者一同

ÍNDICE　目次

Estrategias

スペイン語を正しく書くために

1. この本の使い方

1ページ目

各課最初のページには、モデルとなるスペイン語本文が紹介されています。上手に書くためには、何度もよく読むことが大事です。その課のテーマやイラスト、写真、またはすでに知っている単語などを手がかりに、最初は辞書を引かずに読んでみることをおすすめします。2 回目には、重要だと思う単語（動詞や名詞、形容詞など）のみ、辞書で調べて読むと良いでしょう。

2~3 ページ目

語彙や文法、つづり方、そして短い文を書く練習をします。語順や文法事項に注意して、単語も覚えましょう。

各課最後の作文課題

各課の最後に、習ったことを使って作文する課題 Tarea final が用意されています。指示をよく読み、作文を完成させましょう。

見直し

書いていく途中の過程と同様、書き終わったあとの見直しも重要です。書いた文を自分で数回見直し、モデル文や辞書も参考に、間違いがないかよくチェックしてください。見直しが済んだら先生に添削してもらいましょう。添削してもらったら、最後にもう一度、誤りのないスペイン語で清書することをおすすめします。

文法補足ページ

巻末には、各課の学習に必要な文法、語彙、つづり方などの説明がついています。学習中や見直しの際に参照してください。

正書法

あなたが書いたスペイン語を相手に正しく理解してもらうためには、アクセントやコンマなどの記号も、誤りのないように書くことが大事です。巻末にある正書法の説明もよく読んでください。

2. その他のアドバイス

作文を書く前に

各課最後の作文にとりかかる前に、必要な単語のリストを作るなど、スムーズに書いていくための準備をしましょう。わからない単語があれば、まずはテキストをもう一度読んでみてください。探している単語が見つかるはずです。単語を適切に使うために、疑問があれば先生にどんどん質問しましょう。

ペアやグループでの練習

教室の中でも外でも、クラスメートと協力することは大事なことです。知らないことを教えてもらえることもあれば、あなたが仲間に教えてあげられることもあるでしょう。このテキストでも、仲間と協力しながら取り組んでみましょう。

新しいツールの利用

みなさんは家や大学でインターネットを利用していると思います。是非、スペイン語のアクセント記号や Ñ の文字が入力できるように設定をしてください。習ったことを実践するために、クラスメートにスペイン語でメールを送ったり、このテキストで練習したことを、スペイン語でブログに書いてみてはいかがでしょう。インターネットでは手軽に、様々なレベルのスペイン語を読むこともできます。

フェイスブックやツイッターなどを利用している人は、スペイン語でメッセージを書いてみましょう。友だちや先生に、毎日スペイン語で何か一言送ってみてください。日に日にスペイン語の力がつき、スペイン語でコミュニケーションがとれるということを実感できるはずです。

書きながら書く力をつける

最後に、スペイン語を書く力は、書きながら身につけるのが一番であるということを忘れないでください。学習の過程で誤るのは当然のことですから、間違えてもかまいません。大切なことは、誤りから学び、正しく書き直してみることです。もっと大切なことは、スペイン語で書くということを楽しむことです！

3. 辞書の使い方

⌘ いろいろなタイプの辞書がありますが、どれでもよいということではありません。あなたのレベルにあったものを先生に教えてもらいましょう。インターネット上の辞書を使う場合には、それが信頼できるものかどうか確認しましょう。

⌘ 初級レベルの場合は、紙の辞書を使うことをおすすめします。紙の辞書であれば調べた単語をマークしたり、線を引いたりすることもできます。

⌘ 辞書を使えば、知らない単語の意味はもちろん、つづりや文法事項を確認することもできます。ただし、動詞の活用が思い出せないとき、すぐに辞書に頼るべきではありません。そうしているといつまでも活用は覚えられません。

⌘ 辞書に載っている訳語はひとつではありません。調べた単語については、最初に出てくる訳語だけでなく、載っている説明すべてに目を通し、あなたの書きたい内容、コンテクストにあった語を選びましょう。

⌘ 作文のためのあなた自身のオリジナル辞書を作って、必要なときに使ってみるのはいかがでしょうか。

Por escrito 1

1 EL ESPAÑOL

1 El abecedario　アルファベット

A **Lee el abecedario y los nombres de las imágenes.** アルファベットの文字を読みましょう。写真や絵の下に書かれた単語も読んでみましょう。

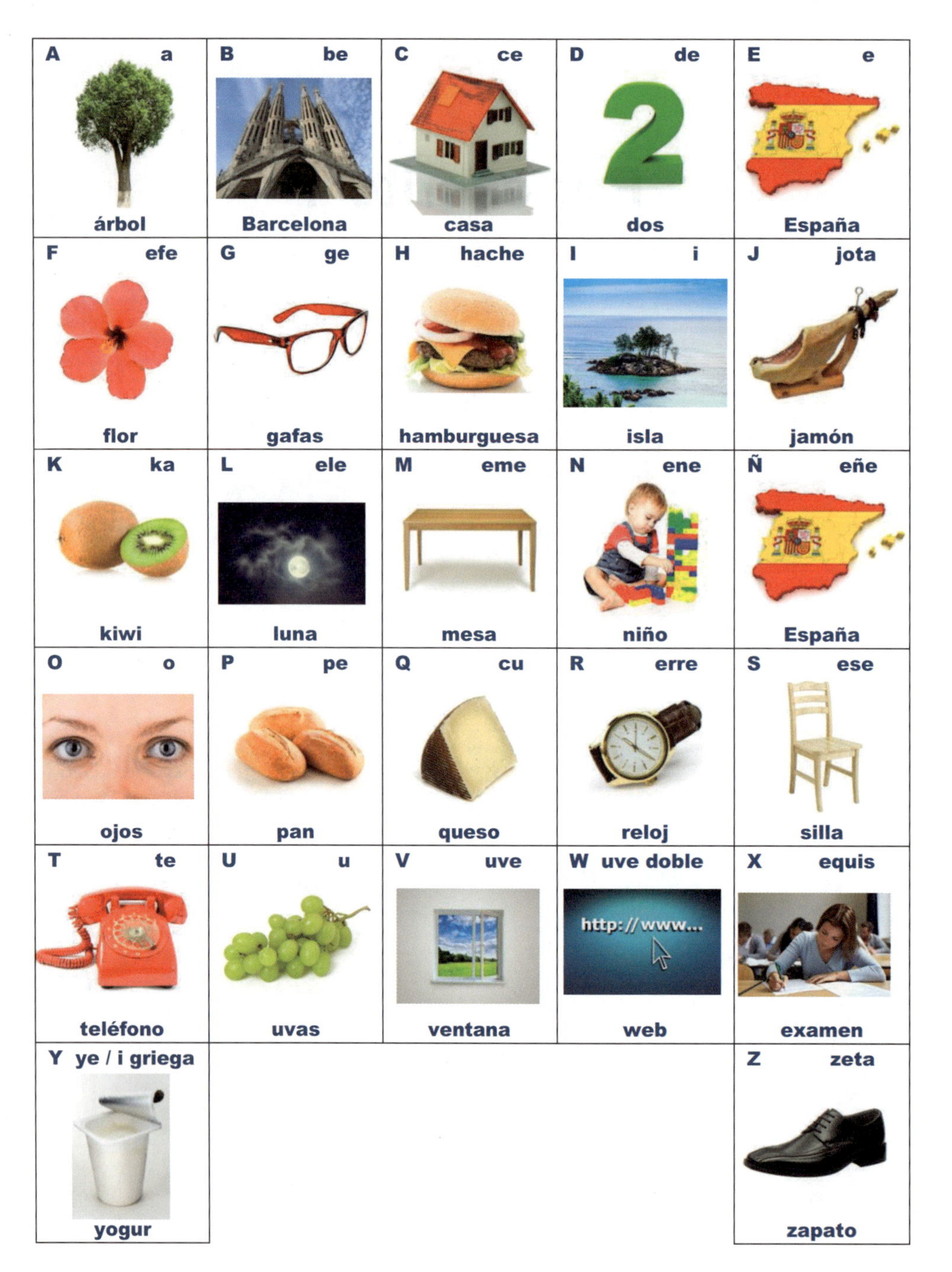

B **En parejas, competid para ver quién escribe antes el nombre de las letras.**
ペアで、どちらが先にアルファベットの名称をつづることができるか競争しましょう。

A	B	C	D	E	F	G
H	I	J	K	L	M	N
Ñ	O	P	Q	R	S	T
U	V	W	X	Y	Z	

2 Escribe las palabras del recuadro en la casilla más adecuada.

赤字部分の発音とつづりに注意して、下の表の適切な箇所に単語を書き入れましょう。

queso	copa	Japón	hospital	zapato	goma
beso	Roma	vino	gente	cine	España	girasol
yo	número	chaqueta	guitarra	llave	pingüino

<table>
<tr><th colspan="2">H</th><th colspan="2">C / Qu</th><th colspan="2">J</th><th>G</th></tr>
<tr><td colspan="2">hola
______
hotel</td><td>cama
______
café</td><td>¿qué?
______
Quijote</td><td colspan="2">______
jersey
jirafa</td><td>gato
gafas
______</td></tr>
<tr><th colspan="2">B - V</th><th colspan="2">C - Z</th><th colspan="2">R / RR</th><th>CH</th></tr>
<tr><td colspan="2">banco - vaca
______ - vela
bota - ______</td><td colspan="2">cero - ______
______ - zigzag
cebra - zebra</td><td>caramelo
______
caro</td><td>rápido
______
torre</td><td>______
churros
China</td></tr>
<tr><th colspan="2">Ge-Gi</th><th colspan="2">GU / GÜ</th><th colspan="2">Ll / Y</th><th>Ñ</th></tr>
<tr><td>______
general</td><td>gimnasia
______</td><td>guerra
______</td><td>cigüeña
______</td><td colspan="2">______ - yen
lluvia - ______</td><td>niño
______</td></tr>
</table>

3 A Ahora en parejas seguid el modelo y dictaos las palabras.

例にならってペアで、単語のつづりを教えあいましょう。

Alumno A (Alumno B ⇨ página 50)

1. Japón	2.	3. pequeño	4.	5. niña
6.	7. lápiz	8.	9. plátano	10.

Ⓑ **Lee esta conversación.** 次の会話を読みましょう。

Ⓒ **Sigue el modelo y escribe el nombre y el apellido de tres compañeros que no conozcas.** あなたのまだ知らない３人のクラスメートの名字と名前を、上の会話と同じようにスペイン語で尋ねて、表に書きましょう。

	Nombre 名前	**Apellido** 名字
Compañero 1		
Compañero 2		
Compañero 3		

4 **En parejas escribid una palabra de las que hayáis aprendido con cada letra del abecedario.** ペアで、これまで覚えた単語の中から、それぞれのアルファベットを用いる単語を１つずつ書きましょう。

A:	**H:**	**Ñ:**	**U:**
B:	**I:**	**O:**	**V:**
C:	**J:**	**P:**	**W:**
D:	**K:**	**Q:**	**X:**
E:	**L:**	**R:**	**Y:**
F:	**M:**	**S:**	**Z:**
G:	**N:**	**T:**	

TAREA FINAL: Los países de Hispanoamérica　書いてみましょう。

A　En grupos de tres completad los nombres y situadlos en el mapa.
３人のグループで、１～１９の国名を完成させましょう。その国が地図のどこにあるのか答えましょう。

B　Escribe diez frases siguiendo el modelo. 例にならって文を１０個作りましょう。

- La capital de Japón es Tokio.　　***- Madrid es la capital de España.***

C　El español: Lee este texto y escríbelo de nuevo.
スペイン語についての次の文章を読んだあと、ノートに書き写しましょう。

El español o castellano es la lengua oficial de veintiún países: España, diecinueve países de Latinoamérica y Guinea Ecuatorial en África. En Estados Unidos es el segundo idioma más hablado. Muchas ciudades y estados americanos tienen nombres españoles como Los Ángeles, San Francisco o Florida. Unos quinientos millones de personas en el mundo hablan español.

1 **En grupos de cuatro leed los mensajes del foro y contestad a las preguntas.** 4人のグループで、次のメッセージを読んで下の質問に答えましょう。

	Foro de amigos del español y del japonés Hajimemashite - Presentación
(bandera de España)	Hola, soy María. Mucho gusto. Soy española, de Sevilla. Soy estudiante de japonés en la Universidad Autónoma de Madrid. Hasta pronto.
(bandera de Japón)	Konnichiwa. Soy japonesa, de Osaka. Mi nombre es Suzuki Satomi. Soy azafata de ANA, una compañía aérea japonesa. Sayonara.
(bandera de Perú)	Hola, ¿qué tal? Yo soy de Lima. Me llamo Raúl Pérez. Soy profesor de Literatura en la Universidad Peruana de las Américas. Adiós.
(bandera de México)	Buenas noches. Yo soy mexicano, del norte de México. Soy cantante en un grupo de música rock. ¡Ah!, me llamo Jorge. Hasta luego.
(bandera de Argentina)	¡Hola, hola! Me llamo Erika y soy argentina, de Buenos Aires. Soy estudiante de inglés en una universidad americana. También estudio japonés.

a. **Completa la siguiente tabla con la información de las personas del foro anterior.**
読み終えたら、それぞれの人物の情報を表に書き入れましょう。

	Nombre 名前	Nacionalidad 国籍	Profesión 職業
(bandera de España)			
(bandera de Japón)			
(bandera de Perú)			
(bandera de México)			
(bandera de Argentina)			

b. **¿Qué palabras se usan en español para saludar?**
スペイン語では出会いの挨拶をするとき、どのように表現しますか。

c. **¿Qué palabras se usan en español para despedirse?**
スペイン語では別れの挨拶をするとき、どのように表現しますか。

d. **¿Qué expresiones se usan en español para decir el nombre?**
スペイン語では自分の名前を言うとき、どのように表現しますか。

e. **¿Qué expresiones se usan en español para decir la nacionalidad?**
スペイン語では自分の国籍を言うとき、どのように表現しますか。

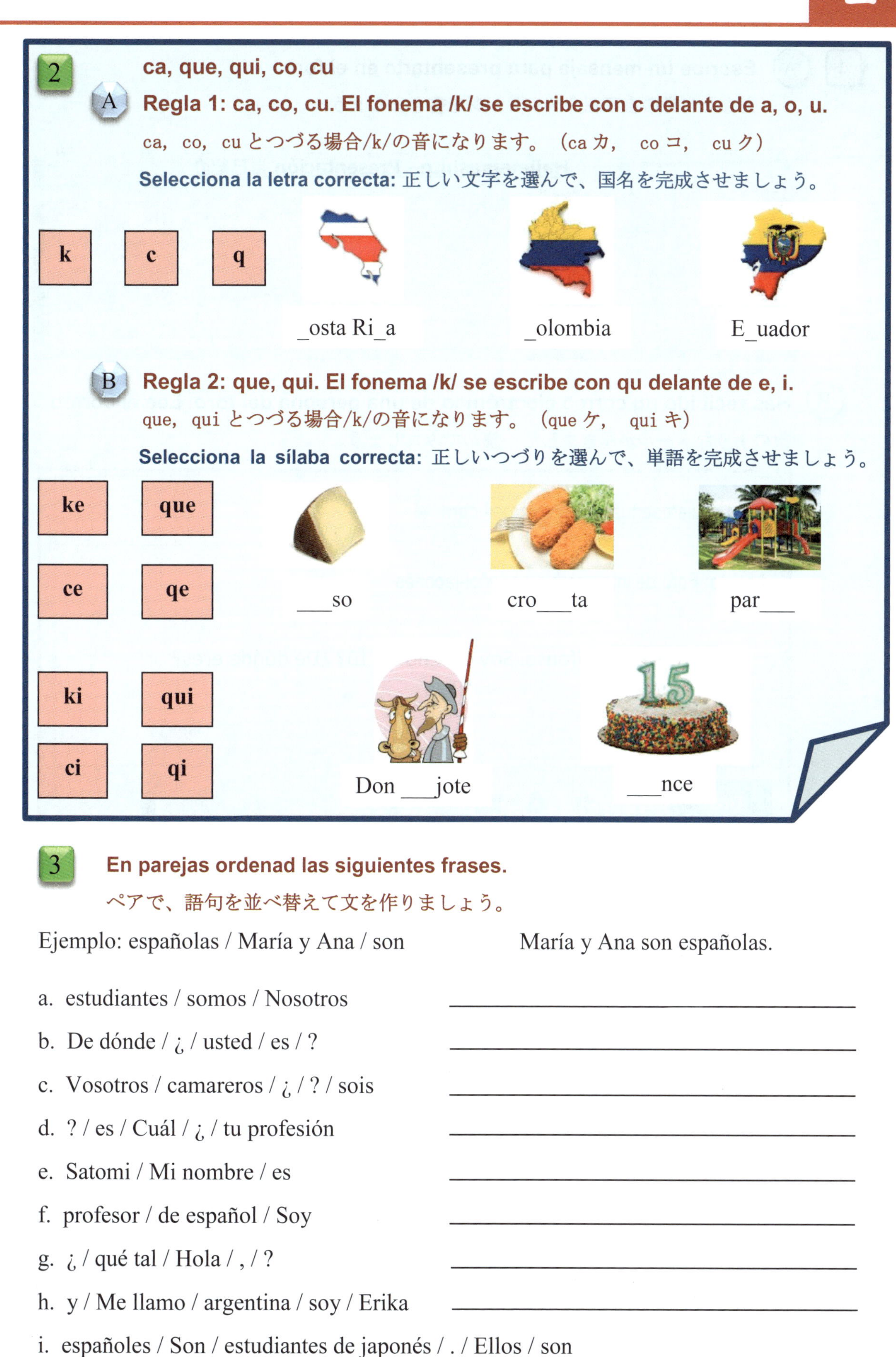

2 ca, que, qui, co, cu

A Regla 1: ca, co, cu. El fonema /k/ se escribe con c delante de a, o, u.

ca, co, cu とつづる場合/k/の音になります。（ca カ， co コ， cu ク）

Selecciona la letra correcta: 正しい文字を選んで、国名を完成させましょう。

k　c　q

_osta Ri_a　_olombia　E_uador

B Regla 2: que, qui. El fonema /k/ se escribe con qu delante de e, i.

que, qui とつづる場合/k/の音になります。（que ケ， qui キ）

Selecciona la sílaba correcta: 正しいつづりを選んで、単語を完成させましょう。

ke　que
ce　qe
ki　qui
ci　qi

___so　cro___ta　par___

Don ___jote　___nce

3 En parejas ordenad las siguientes frases.

ペアで、語句を並べ替えて文を作りましょう。

Ejemplo: españolas / María y Ana / son　　María y Ana son españolas.

a. estudiantes / somos / Nosotros　______________________
b. De dónde / ¿ / usted / es / ?　______________________
c. Vosotros / camareros / ¿ / ? / sois　______________________
d. ? / es / Cuál / ¿ / tu profesión　______________________
e. Satomi / Mi nombre / es　______________________
f. profesor / de español / Soy　______________________
g. ¿ / qué tal / Hola / , / ?　______________________
h. y / Me llamo / argentina / soy / Erika　______________________
i. españoles / Son / estudiantes de japonés / . / Ellos / son

____

4 A **Escribe un mensaje para presentarte en el foro.**

あなた自身の自己紹介メッセージを書きましょう。

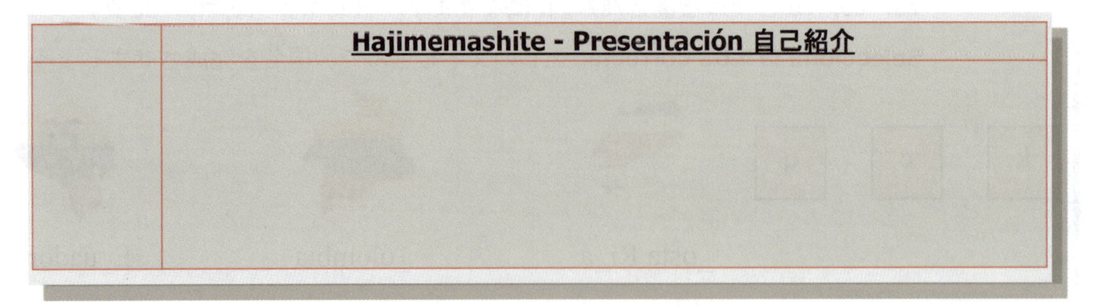

B **Has recibido un correo electrónico de una persona del foro. Lee el correo.**

次のようなメールが届きました。読んでみましょう。

C **Contesta a Alfonso presentándote. No olvides hacerle algunas preguntas.**

あなたの自己紹介をしながらアルフォンソに返事を書きましょう。彼に質問をすることも忘れないでください。

TAREA FINAL: Preséntate en un foro　書いてみましょう。

En grupos de cuatro cread un foro como el del ejercicio uno. Decidid el nombre, la nacionalidad y la profesión de cuatro personas y escribid las presentaciones. Después leed todas para decidir cuál os gusta más.

４人のグループで、練習１のようなスペイン語交流フォーラムを考えてください。４人の人物の名前、国籍、職業を決めて、それぞれの紹介文を書きます。書き終わったら他のグループの書いたものも読んで、最も気に入ったフォーラムを決めましょう。

a. Elige una forma para saludar. 出会いの挨拶を１つ選びましょう。

b. Elige una forma para decir tu nombre. 名前を言う表現を１つ選びましょう。

c. Elige una forma para decir tu nacionalidad. 国籍を言う表現を１つ選びましょう。

d. Escribe tu profesión. 職業を書きましょう。

e. Elige una forma para despedirte. 別れの挨拶を１つ選びましょう。

B **Ahora escribe toda la información en el foro. No olvides dibujar la bandera de tu país.**

それではすべての情報を書いてみましょう。国旗を描くのも忘れないでください。

REVISIÓN　見直してみましょう。

a. ¿Has dejado los márgenes necesarios? 余白を残してありますか。

b. ¿Has escrito con letra clara? ¿Has dejado el espacio suficiente entre línea y línea? ¿Y entre párrafo y párrafo? 読みやすい文字で書きましたか。行と行の間、段落と段落の間には十分なスペースが空いていますか。

c. Fíjate en la gramática. ¿Has usado correctamente los verbos *ser* y *llamarse*? 文法をチェックしましょう。動詞 ser, llamarse を正しく使いましたか。

d. Fíjate en el vocabulario. ¿Entiendes todo lo que has escrito? 単語をチェックしましょう。書いたことがすべて理解できますか。

e. ¿Has escrito el saludo y la despedida? Entonces, ya puedes escribir de nuevo tu e-mail. 出会いの挨拶、別れの挨拶は書きましたか。ではもう一度書いて完成させましょう。

3 Mi familia

  **Laura nos presenta a su familia.** ラウラが家族のことを紹介しています。

Hola, amigos:

Esta es mi familia, somos cinco: mi padre, mi madre, mi hermana pequeña, mi abuela y yo.

Mi padre, Antonio, es moreno y tiene el pelo corto y rizado. Es delgado y es muy inteligente. Es empleado de una empresa de ordenadores. Tiene 46 años.

Mi madre, Sofía, es enfermera. Es alta, delgada y rubia. Tiene 43 años. Es muy simpática. Sólo tengo una hermana, Alba. Es muy alegre y guapa. Tiene nueve años. Mi abuela Luisa es un poco mayor. Es castaña y un poco baja. Tiene el pelo corto. Siempre está de buen humor.

Yo soy la hija mayor, me llamo Laura. Tengo catorce años. Soy alta, rubia y tengo el pelo largo y los ojos negros. ¡Ah!, y también soy muy simpática.

¿Y tu familia? ¿Cómo es?

 **Lee las frases, corrige la información equivocada y escríbelas de nuevo.**
次の文を読んで、誤った情報を正しく書き直しましょう。

1. Laura tiene dos hermanos mayores.

____

2. Antonio es el abuelo de Laura.

____

3. Su madre es morena y es empleada del banco Mizuho.

____

4. Alba tiene ocho años y es muy seria.

____

5. La abuela Luisa tiene el pelo largo.

____

6. Laura es baja, morena y tiene el pelo corto y los ojos azules.

____

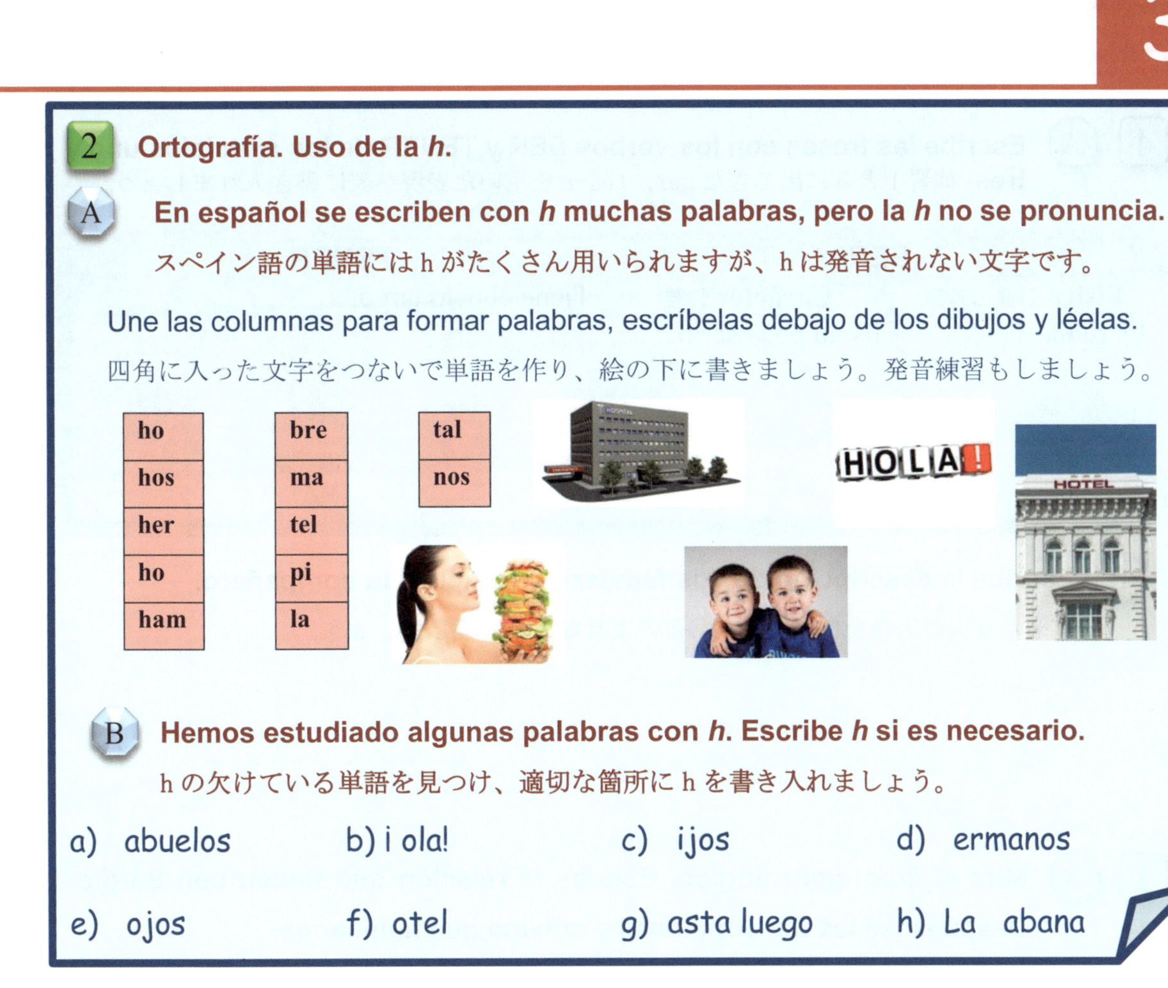

2 Ortografía. Uso de la *h*.

A En español se escriben con *h* muchas palabras, pero la *h* no se pronuncia.

スペイン語の単語にはｈがたくさん用いられますが、ｈは発音されない文字です。

Une las columnas para formar palabras, escríbelas debajo de los dibujos y léelas.

四角に入った文字をつないで単語を作り、絵の下に書きましょう。発音練習もしましょう。

ho	bre	tal
hos	ma	nos
her	tel	
ho	pi	
ham	la	

B Hemos estudiado algunas palabras con *h*. Escribe *h* si es necesario.

ｈの欠けている単語を見つけ、適切な箇所にｈを書き入れましょう。

a) abuelos　　b) i ola!　　c) ijos　　d) ermanos

e) ojos　　f) otel　　g) asta luego　　h) La abana

3 A Hispanos famosos. Relaciona los dibujos con los nombres.

スペイン語圏で有名な人たちの写真です。名前を見つけて書きましょう。

1. Penélope Cruz	2. Rafa Nadal	3. Shakira	4. Pedro Almodóvar

a. ______　　b. ______　　c. ______　　d. ______

B Relaciona las descripciones con los nombres.

次の描写と写真の人物を結びましょう。

1. Es joven. Es moreno, alto y fuerte. Tiene los ojos grandes y marrones. Es un poco serio, pero muy amable.
2. Tiene el pelo largo y liso. Es delgada, morena y muy guapa. Es actriz. Es un poco tímida.
3. Es rubia y un poco baja. Tiene el pelo rizado. Es cantante. Es muy simpática.
4. Es director de cine. Tiene el pelo blanco y corto. Es mayor. Es un poco gordo. Es muy inteligente. A veces lleva gafas de sol.

Escribe las frases con los verbos SER y TENER de los ejercicios uno y tres. 練習1と3に出てきた ser, tener を用いた表現を表に書き入れましょう。

SER		TENER
Físico 外見の特徴	**Carácter** 性格	Tiene el pelo largo.
Es rubia.	Es un poco serio.	

(B) **Escribe la descripción de dos famosos y léesela a tu compañero.**

有名な2人の人物を自由に選び、どのような人か描写しましょう。

(5) (A) **Mira el árbol genealógico. Escribe la relación que tienen con Sergio. Después lee las descripciones y adivina qué familiar es.**

セルヒオから見た家族関係を表すスペイン語を家系図に書き入れましょう。次に1～3を読んで、誰のコメントか答えましょう。

1. No tengo hermanos, pero tengo un primo. Es el hijo de mi tía Beatriz. Se llama Sergio.

____

2. Estoy casada. Tengo un hijo y una hija. Mi hija tiene dos hijas muy guapas y muy simpáticas.

____

3. Tengo tres sobrinos, los hijos de mi cuñada Beatriz.

____

(B) **Elige a un miembro de esta familia y escribe una frase.**

家系図の中の一人を選び、1～3のような文を作ってみましょう。

4.

TAREA FINAL: Mi familia y yo　書いてみましょう。

(A) Escribe un correo electrónico a un amigo español sobre tu familia.

スペイン人の友だちにあなたの家族についてメールを書いてみましょう。

a. Trae fotos o dibuja a los miembros de tu familia y haz un árbol genealógico como el del ejercicio cinco. あなたの家族の写真を持ってくるか、または家族の絵を描いて、練習５のような家系図を作りましょう。

b. Escribe un párrafo sobre cada uno de los miembros de tu familia: cómo se llaman, cuántos años tienen, cuál es su profesión y cómo son.
家族それぞれのメンバーについて、名前、年齢、職業、性格などを書きましょう。

(B) Ahora escribe el e-mail completo. No olvides adjuntar una foto.

それではメールを書いてみましょう。写真をつけるのを忘れないでください。

REVISIÓN　見直してみましょう。

a. ¿Has dejado los márgenes necesarios? 余白を残してありますか。

b. ¿Has escrito con letra clara? ¿Has dejado el espacio suficiente entre línea y línea? ¿Y entre párrafo y párrafo? 読みやすい文字で書きましたか。行と行の間、段落と段落の間には十分なスペースが空いていますか。

c. Fíjate en la gramática. ¿Has usado correctamente los verbos *ser* y *tener*?
文法をチェックしましょう。動詞 ser, tener を正しく使いましたか。

d. Fíjate en el vocabulario. ¿Entiendes todo lo que has escrito?
単語をチェックしましょう。書いたことがすべて理解できますか。

e. ¿Has escrito el saludo y la despedida? Entonces ya puedes escribir de nuevo tu e-mail.
出会いの挨拶、別れの挨拶は書きましたか。ではもう一度書いて完成させましょう。

4 Mi universidad

María escribe un e-mail a su amiga Megumi sobre su universidad. Léelo y contesta a las preguntas. マリアは友だちのメグミに、自分の大学についてメールで説明しています。読んで、下の質問に答えましょう。

Mi universidad

Querida Megumi:

¿Cómo estás? Yo estoy muy bien. Este es mi primer año en la universidad y estoy muy contenta. La Universidad Central de Madrid es muy grande, tiene muchas facultades. Yo soy estudiante de japonés en el Centro de Estudios de Asia Oriental. El campus está en el norte de Madrid.

La universidad no es muy antigua. Hay muchos estudiantes, más de 30 000. Mis clases están en el Edificio 3, cerca de la estación de RENFE y de la biblioteca. En mi edificio hay una cafetería, y en la cafetería siempre hay mucha gente. También hay un camarero muy guapo y muy simpático. ¡Ah!, mis compañeros también son muy simpáticos.

Tengo tres profesoras japonesas, las tres son muy buenas profesoras. ¿Cómo es tu universidad? ¿Es grande o pequeña?

Espero tu e-mail. Un abrazo,

María

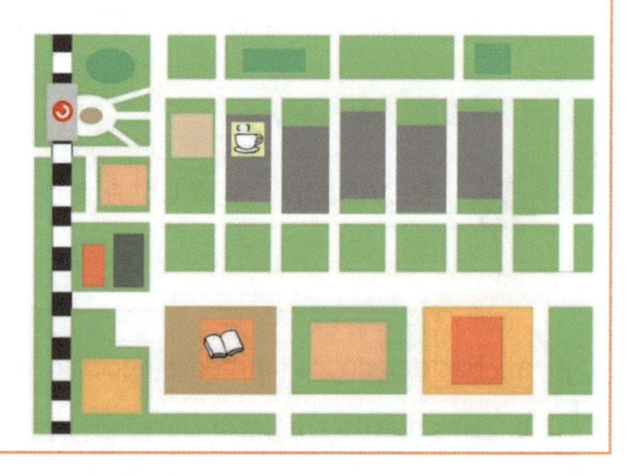

a. ¿Cómo se llama la universidad de María? ____________________

b. ¿Cómo es la universidad? ____________________

c. ¿Dónde está el campus? ____________________

d. ¿Hay muchos estudiantes en la universidad? ____________________

e. ¿Dónde están las clases de María? ____________________

f. ¿Qué hay en el Edificio 3? ____________________

g. ¿Cómo son los compañeros de María? ____________________

h. ¿María tiene profesoras japonesas? ¿Cómo son? ____________________

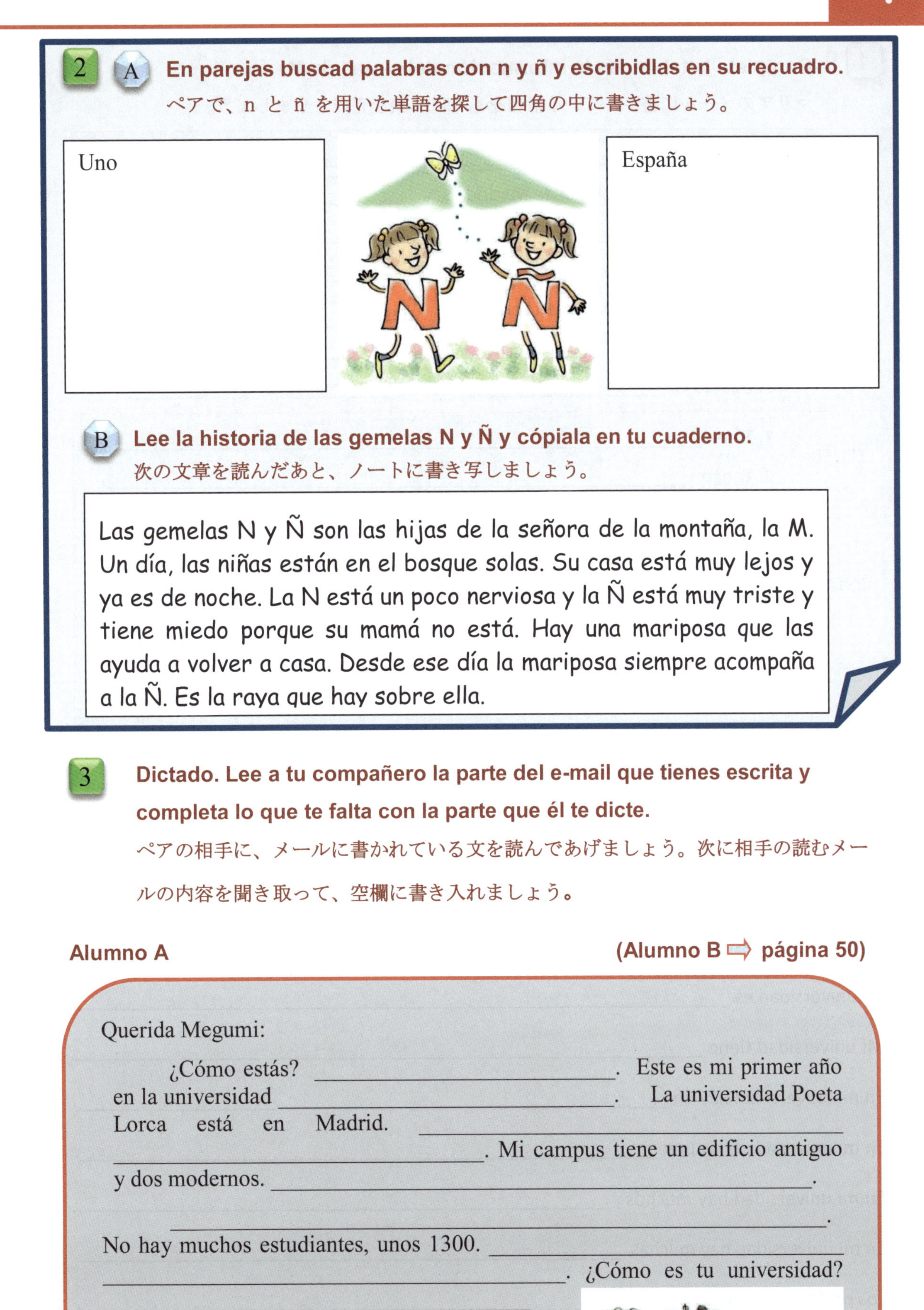

2 **A** **En parejas buscad palabras con n y ñ y escribidlas en su recuadro.**

ペアで、n と ñ を用いた単語を探して四角の中に書きましょう。

Uno	España

B **Lee la historia de las gemelas N y Ñ y cópiala en tu cuaderno.**

次の文章を読んだあと、ノートに書き写しましょう。

> Las gemelas N y Ñ son las hijas de la señora de la montaña, la M. Un día, las niñas están en el bosque solas. Su casa está muy lejos y ya es de noche. La N está un poco nerviosa y la Ñ está muy triste y tiene miedo porque su mamá no está. Hay una mariposa que las ayuda a volver a casa. Desde ese día la mariposa siempre acompaña a la Ñ. Es la raya que hay sobre ella.

3 **Dictado. Lee a tu compañero la parte del e-mail que tienes escrita y completa lo que te falta con la parte que él te dicte.**

ペアの相手に、メールに書かれている文を読んであげましょう。次に相手の読むメールの内容を聞き取って、空欄に書き入れましょう。

Alumno A **(Alumno B ⇨ página 50)**

Querida Megumi:

¿Cómo estás? ____________________. Este es mi primer año en la universidad ____________________. La universidad Poeta Lorca está en Madrid. ____________________ ____________________. Mi campus tiene un edificio antiguo y dos modernos. ____________________.

____________________.

No hay muchos estudiantes, unos 1300. ____________________ ____________________. ¿Cómo es tu universidad? ____________________

Espero tu e-mail. Un abrazo,

Felipe

4 Completa la tabla con la información del e-mail de María.

マリアのメールに書かれている情報をもとに、表を完成させましょう。

SER	1. Este es ______. 2. La Universidad Central de Madrid es ______. 3. Yo soy ______. 4. La universidad no es ______. 5. Mis compañeros también son ______. 6. Las tres son ______. 7. ¿Cómo es ______? ¿Es ______ o ______?
TENER	1. Tiene ______. 2. Tengo ______.
ESTAR	1. ¿Cómo estás? Yo estoy ______. 2. Estoy ______. 3. El campus está ______. 4. Mis clases están ______.
HABER	1. No es muy antigua. Hay ______. 2. En mi edificio hay ______. 3. En la cafetería siempre hay ______.

5 Completa las frases con información sobre tu universidad.

あなたの大学について、文を完成させましょう。

Mi universidad está ______.

Mi universidad es ______.

Mi universidad tiene ______.

En mi universidad hay un ______.

En mi universidad hay una ______.

En mi universidad hay muchos ______.

En mi universidad hay muchas ______.

Los profesores son ______.

Mis compañeros son ______.

La biblioteca está ______.

TAREA FINAL: Mi universidad　書いてみましょう。

Ⓐ **En grupos de cuatro escribid un e-mail a María contándole cómo es vuestra universidad. Seguid los siguientes pasos.**
４人のグループで、あなた方の大学についてマリアにメールで説明しましょう。

a. Escribid una forma para saludar. 挨拶を書きましょう。
b. Escribid dónde está la universidad (ciudad, estación, cerca de, etc.)
大学がどこにあるのか（町名、駅名、…の近く、など）を書きましょう。
c. Escribid cómo es la universidad (grande, pequeña, moderna, antigua, bonita, fea, etc.)
どんな大学か（大きい、小さい、現代的な、古い、きれいな、など）を書きましょう。
d. Escribid cuántos departamentos o facultades tiene. 学部や学科の数を書きましょう。
e. Escribid cuántos estudiantes hay. 学生数を書きましょう。
f. Escribid dónde está vuestro departamento.
あなた方の学科がどこにあるか書きましょう。
g. Escribid qué hay en la universidad. 大学内に何があるか書きましょう。
h. Escribid una forma para despedirse. 別れの挨拶を書きましょう。

Ⓑ **Ahora escribe el e-mail completo.** それではメールを書いてみましょう。

REVISIÓN　見直してみましょう。

a. ¿Has dejado los márgenes necesarios? 余白を残してありますか。
b. ¿Has escrito con letra clara? ¿Has dejado el espacio suficiente entre línea y línea? ¿Y entre párrafo y párrafo? 読みやすい文字で書きましたか。行と行の間、段落と段落の間には十分なスペースが空いていますか。
c. Fíjate en la gramática. ¿Has usado correctamente los verbos *ser*, *estar*, *tener* y *haber*?
文法をチェックしましょう。動詞 ser, estar, tener, haber を正しく使いましたか。
d. Fíjate en el vocabulario. ¿Entiendes todo lo que has escrito?
単語をチェックしましょう。書いたことがすべて理解できますか。
e. ¿Has escrito el saludo y la despedida? Entonces ya puedes escribir de nuevo tu e-mail.
出会いの挨拶、別れの挨拶は書きましたか。ではもう一度書いて完成させましょう。

Mi vida en la universidad

  **Lee y contesta las preguntas.** 次のメールを読んで、下の質問に答えましょう。

Para: superalba@coldmail.net	De: midoriguapa@yaju.net

Hola, Alba:

¿Qué tal estás? Yo estoy muy bien. ¿Sabes?, estudio español. Desde abril vivo sola en Tokio para estudiar en la universidad, ya llevo tres meses aquí. ¿Mi ritmo de vida? Bueno, estoy muy ocupada porque estudio mucho. Tengo clase todos los días de nueve a cuatro y media. Mi asignatura preferida es historia del arte, pero también estudio gramática, conversación, literatura e inglés. A las doce como en el comedor con mis compañeros. Después de las clases voy a la biblioteca, leo algunos libros y hago los deberes. Los martes y jueves bailo flamenco en el club de la universidad. Los fines de semana no tengo clases. Normalmente, los sábados por la mañana trabajo en una cafetería como camarera. Por las tardes salgo con mis amigas, muchas veces vemos una película en el cine o cenamos en un restaurante.

¿Y tú? ¿Qué haces normalmente?

Hasta pronto, Midori

1. ¿Dónde vive Midori? ¿Con quién? ________________
2. ¿Qué estudia Midori en la universidad? ________________
3. ¿Qué hace Midori los sábados? ________________
4. ¿Qué hace Midori después de las clases? ________________
5. ¿Cuándo baila flamenco? ________________

B **Completa la tabla.** メールに書かれている情報をもとに、表を完成させましょう。

Actividad	¿Cuándo?	¿Dónde?
Vivir sola	Desde ________	
Estudiar español		
	Todos los días de ________	
		En el comedor
	Después de las clases	
	Los sábados por ________	
		En el cine

  **Se escribe *m* delante de las letras *p* y *b*. Observa estas palabras.**

p または b の前では n ではなく m になります。次の単語を見てみましょう。

campo **Colombia** **lámpara** **hombre**

B **¿*M* o *n*?** m または n を入れて、単語を完成させましょう。

1. dicie__bre	2. nu__ca	3. tie__po	4. mo__taña	5. ta__bién
6. ge__te	7. sie__pre	8. tie__da	9. li__pio	10. co__pañera

  **Expresiones de frecuencia. Ordena de más a menos.**

頻度の高いものから低いものへと並べ替えましょう。

una vez al año	dos veces a la semana	todos los días
una vez al mes	dos veces al año	los domingos

✖------------------✖------------------✖------------------✖----------------✖----------------✖

todos los días

nunca	muchas veces	casi nunca	pocas veces	a veces	siempre

✖------------------✖------------------✖------------------✖----------------✖----------------✖

siempre

B **Relaciona.** 左の活動と、それをする場所を結びましょう。

a) Para ir de compras	1. El museo
b) Para ver una exposición	2. La piscina
c) Para bailar	3. La biblioteca
d) Para cenar fuera	4. Las tiendas
e) Para hacer deporte	5. El teatro
f) Para ver una película	6. Los restaurantes
g) Para ver teatro	7. La discoteca
h) Para estudiar y leer libros	8. El gimnasio
i) Para nadar	9. El cine

C Ordena estas frases. 語句を並べ替えて文を作りましょう。

1. para nadar / Todas las semanas / voy a la piscina

   ____

2. van a la biblioteca / los estudiantes / Normalmente / para leer un libro

   ____

3. vamos al museo / para ver una exposición / Algunas veces / mi madre y yo

   ____

4. mis amigos / para bailar / van a la discoteca / Muchas veces

   ____

D Escribe cuatro frases sobre tus actividades del fin de semana.

あなたが週末にすることについて、文を４つ作りましょう。

1. ______________________________
2. ______________________________
3. ______________________________
4. ______________________________

4 Este es el horario de Mika. Léelo y completa las frases.

ミカの一週間のスケジュールを見て、１～５の頻度の表現に続く文を作りましょう。

Lunes	Martes	Miércoles	Jueves	Viernes	Sábado	Domingo
Literatura	Gramática		Gramática	Arte	Deporte	
Historia	Conversación	Composición	Lectura	Conversación		
Comedor		Comedor	Comedor			Casa abuelos
Inglés		Inglés			Trabajo por horas	Trabajo por horas
	Club	Club	Club	Cena con amigos del club		

1. Una vez a la semana ______________________________
2. Los fines de semana ______________________________
3. Dos veces a la semana ______________________________
4. A veces ______________________________
5. Los viernes ______________________________

TAREA FINAL: Mi ritmo de vida　書いてみましょう。

(A) **Con tu compañero escribe un correo electrónico a un amigo contándole cómo es tu ritmo de vida.**
あなたの普段の生活について、友だちにメールを書きましょう。

a. Escribe un saludo y una despedida. 出会いの挨拶と別れの挨拶を書きましょう。

b. Escribe qué estudias y cuándo. 何を、いつ勉強しているか書きましょう。

c. Escribe otras actividades que haces en la universidad.
そのほか大学でしていることを書きましょう。

d. ¿Trabajas? Escribe sobre tu trabajo.
アルバイトをしていれば、その仕事のことを書きましょう。

e. Escribe qué haces los fines de semana. 週末に何をするか書きましょう。

(B) **Ahora escribe el e-mail completo.** それではメールを書いてみましょう。

REVISIÓN　見直してみましょう。

a. ¿Has dejado los márgenes necesarios? 余白を残してありますか。

b. ¿Has escrito con letra clara? ¿Has dejado el espacio suficiente entre línea y línea? ¿Y entre párrafo y párrafo? 読みやすい文字で書きましたか。行と行の間、段落と段落の間には十分なスペースが空いていますか。

c. Fíjate en la gramática. ¿Has conjugado correctamente los verbos en presente?
文法をチェックしましょう。動詞の現在形を正しく使いましたか。

d. Fíjate en el vocabulario. ¿Entiendes todo lo que has escrito?
単語をチェックしましょう。書いたことがすべて理解できますか。

e. ¿Has escrito el saludo y la despedida? Entonces ya puedes escribir de nuevo tu e-mail.
出会いの挨拶、別れの挨拶は書きましたか。ではもう一度書いて完成させましょう。

6 Mis planes para el verano

Miyuki ha creado un blog para mejorar su español. Su primera entrada se llama "Mis planes para el verano", léela y contesta a las preguntas.
ミユキはスペイン語を上達させるためにブログを開設することにしました。最初に書いたのは "夏の計画" です。読んで下の質問に答えましょう。

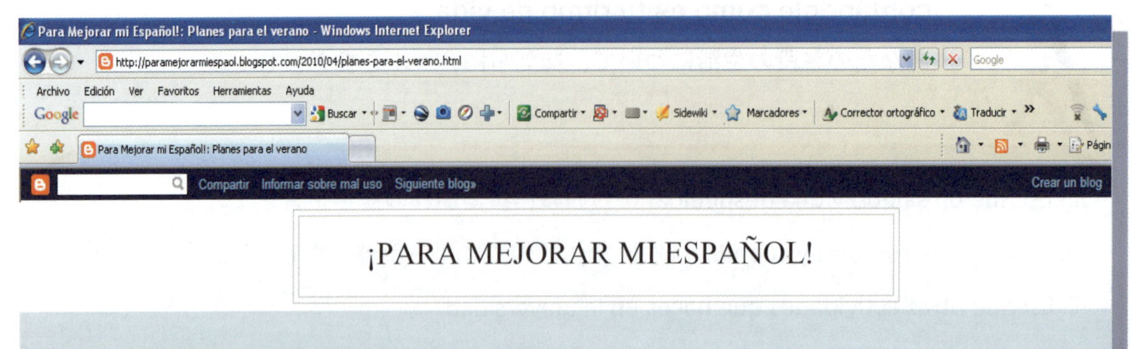

Miércoles, 2 de julio de 2015

¡Qué bien! Ya estamos en verano. Estas vacaciones voy a ir a España con mis compañeras de universidad. Primero vamos a ir a Barcelona, allí vamos a visitar la Sagrada Familia y el Parque Güell. Después vamos a ir a Pamplona en autobús. Allí voy a comprar postales para enviar a mi familia. Desde Pamplona vamos a ir a Santander. Vamos a estar cuatro semanas. Por la mañana vamos a estudiar español en la Universidad Internacional. Por la tarde pienso pasear por la playa, conocer la ciudad y practicar español. Tengo que estudiar mucho para mejorar mi español. Todas las semanas pienso escribir en mi blog. Después de Santander vamos a viajar por España. En Burgos vamos a visitar la catedral. En Salamanca quiero comer con una amiga japonesa que estudia allí. En Segovia voy a hacer muchas fotos del Acueducto. En Madrid vamos a visitar el Museo del Prado. En Toledo quiero comprar muchas cosas para regalar a mis amigos y en La Mancha vamos a ver los molinos de viento. Va a ser un viaje muy divertido. ¿Y tú? ¿Qué vas a hacer en verano?

Miyuki

a. ¿A dónde va a ir Miyuki en verano? ____________________

b. ¿Con quién va a ir? ____________________

c. ¿Cuántas ciudades van a visitar? ____________________

d. ¿Cuánto tiempo van a estar en Santander? ____________________

e. ¿Qué piensa hacer Miyuki en Santander por la tarde? ____________________

Ortografía de la r y la rr. r と rr のつづり

1. La *r* tiene dos sonidos: r には 2 つの発音があります。

- Un sonido fuerte 巻き舌: perro, torre, Roma, Rusia...

- Un sonido suave 舌先を 1 回だけ弾く音: pero, Marta, morado, araña...

2. Cuando la *r* suena fuerte y va entre vocales (a, e, i, o, u) se escribe *rr*. 母音の間で巻き舌になるときは、rr とつづります: turrón, terremoto...

3. En todos los demás casos, aunque suene fuerte, se escribe sola, *r*. それ以外は巻き舌であってもｒとつづります: rico, río, Enrique...

4. Nunca ponemos *rr* a principio de palabra. 語頭に rr がくることはありません。

B **Pon *r* o *rr* en las siguientes palabras.**
r または rr を入れて、単語を完成させましょう。

amo__	mo__ado	Costa __ica	a__aña	__ico
ama__illo	__ubia	te__emoto	tu__ón	a__oz
flo__	__oma	__eloj	__ana	calo__

3 A **Escribe en el siguiente mapa de España el nombre de las ciudades que va a conocer Miyuki y traza una línea desde la primera hasta la última ciudad que visitará.**

スペインの地図に、ミユキが訪ねる予定の町の名前を、その町のある場所に書き入れましょう。次にミユキが訪ねる順番に、それらの町を線でつなぎましょう。

B **¿Qué va a hacer Miyuki en esas ciudades? Escribe una frase con cada ciudad.** それぞれの町でミユキは何をする予定ですか。1 つの町につき 1 つずつ文を書きましょう。

1. En Barcelona va a visitar la Sagrada Familia y el Parque Güell.
2. ______________________________
3. ______________________________
4. ______________________________
5. ______________________________
6. ______________________________
7. ______________________________
8. ______________________________
9. ______________________________

4 **Busca en el blog ejemplos con las siguientes preposiciones y escribe las frases.** ブログの文章の中から、次の前置詞を使っている文を探して書き入れましょう。

A	**1.** **2.**
EN	**1.** **2.**
DE	**1.**
POR	**1.** **2.**
PARA	**1.** **2.**
CON	**1.**

TAREA FINAL: Mis planes para el verano　書いてみましょう。

Ⓐ En grupos de cuatro tenéis que escribir en un blog hablando de vuestros planes para el verano. Seguid estos pasos.
４人のグループで、夏の計画をブログに書きましょう。

a. Escribid la fecha de hoy. 今日の日付を書きましょう。

b. Vais a hacer un viaje a un país de habla hispana. Pensad a qué país vais a ir y cuánto tiempo vais a estar. Escribidlo en español. スペイン語圏の国へ行くことにします。どこの国に行ってどれくらい滞在する予定か書きましょう。

c. Pensad qué ciudades vais a visitar y qué vais a hacer en cada ciudad, dónde vais a dormir, qué vais a comer, qué vais a comprar, etc. Escribidlo en español.
どこの町を訪ねるか、それぞれの町で何をするか、どこに泊まるか、何を食べるか、何を買う予定かなどを書きましょう。

d. Pensad en una forma de terminar vuestra composición. Escribidlo.
作文の締めくくり方を考えて書きましょう。

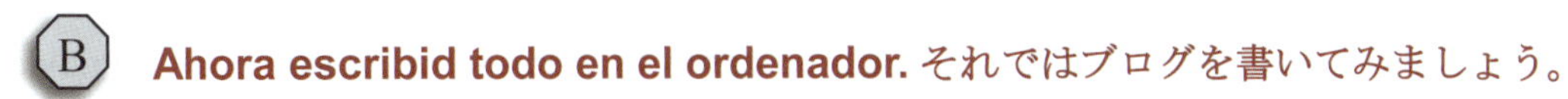

Ⓑ Ahora escribid todo en el ordenador. それではブログを書いてみましょう。

REVISIÓN　見直してみましょう。

a. ¿Has dejado los márgenes necesarios? 余白を残してありますか。

b. ¿Has escrito con letra clara? ¿Has dejado el espacio suficiente entre línea y línea? ¿Y entre párrafo y párrafo? 読みやすい文字で書きましたか。行と行の間、段落と段落の間には十分なスペースが空いていますか。

c. Fíjate en la gramática. ¿Has usado correctamente las perífrasis *ir a + infinitivo*, *tener que + infinitivo*, *querer + infinitivo*? ¿Y las preposiciones? 文法をチェックしましょう。“ir a + 不定詞” “tener que + 不定詞” “querer + 不定詞”の表現や、前置詞を正しく使いましたか。

d. Fíjate en el vocabulario. ¿Entiendes todo lo que has escrito?
単語をチェックしましょう。書いたことがすべて理解できますか。

e. ¿Has escrito bien los nombres de los lugares que vas a visitar? Entonces ya puedes escribir de nuevo tu composición.
訪ねる場所の名前は書きましたか。ではもう一度書いて完成させましょう。

Un día normal

  **Lee el blog sobre la vida de Paula.**

パウラの生活について書かれた次のブログを読みましょう。

EL BLOG DE PAULA

10 de octubre de 2015

Queridos amigos:

Os cuento cómo es mi vida. Normalmente me levanto a las 7:00. Después de levantarme, hago gimnasia diez minutos. Luego desayuno café con leche y una tostada. Después de desayunar, me ducho, me visto y me pongo las lentillas. A veces me maquillo, pero no todos los días. A las 8:00 salgo de casa y voy a la universidad en metro, tardo media hora. Estudio periodismo y tengo clase todos los días de 9:00 a 14:00. Normalmente vuelvo a casa para comer con mi familia sobre las dos y media. Por las tardes voy a estudiar a la biblioteca hasta las 18:30, después salgo con mi novio, Marcos. Nos gusta ir al cine o a jugar a los bolos. Los días de diario suelo llegar a casa sobre las 21:00. Ceno algo ligero y después de cenar veo la televisión o escucho música. Me acuesto sobre las 23:30, pero antes de dormirme leo un rato en la cama. ¡Me encanta! A las 24:00 más o menos me duermo. Los fines de semana me levanto muy tarde, sobre las 11:00. Por las mañanas suelo limpiar mi habitación e ir de compras y por la noche salgo con mi novio o con mis amigas hasta muy tarde.

B **Completa la tabla.** 表に書かれた時間帯にパウラが何をするのか書きましょう。

¿Cuándo?	¿Qué hace?
7:00	
7:10	
Después de desayunar	
A las 8:00	
8:30	
9:00-14:00	
14:30	
Por las tardes	
Después de cenar	
A las 23:30	
Los fines de semana	

Acciones cotidianas. Relaciona los verbos con las imágenes.
日常の活動を表す動詞と写真を結びましょう。

1. lavarse las manos	2. desayunar	3. acostarse	4. maquillarse
5. peinarse	6. ducharse	7. comer	8. lavarse los dientes

A 2

B

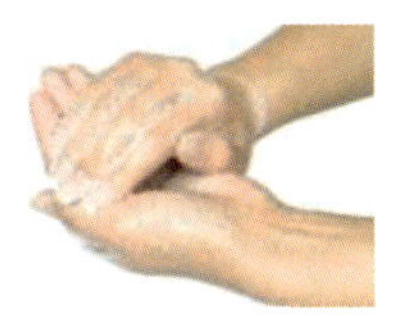
C

D

E

F

G

H

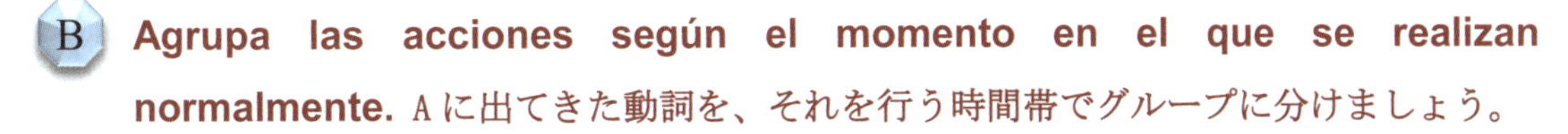

B **Agrupa las acciones según el momento en el que se realizan normalmente.** Aに出てきた動詞を、それを行う時間帯でグループに分けましょう。

Mañana ☼	Noche ☽	Cualquier momento
levantarse	cenar	vestirse bañarse

C **En parejas, haced la pregunta y escribid las repuestas.**
ペアで、日常行うことを質問しあいましょう。質問や相手の答えを書きましょう。

a. Levantarse ➢ hora ¿A qué hora te levantas?
- Se levanta ____________________

b. Después de levantarse ➢ actividades
¿..?
- ____________________

c. ¿Bañarse o ducharse?
¿..?
- ____________________

d. Lavarse los dientes ➢ frecuencia al día
¿..?
- ____________________

e. Antes de acostarse ➢ actividades
¿..?
- ____________________

  **Lee el texto y fíjate en las palabras en negrita.**

太字の表現に注意しながら読みましょう。

Un día en la vida de los españoles

Los españoles normalmente se acuestan a las doce de la noche, más tarde que en otros países europeos, **pero** se levantan entre las 7:00 y las 8:00 de la mañana. Desayunan poco, **por ejemplo**, un café con galletas o una magdalena, y algunos no toman nada, **por eso** sobre las 11:00 de la mañana muchos toman un pequeño bocadillo.

Los colegios y trabajos empiezan a las 9:00. La comida principal es entre las 14:00 y las 15:30. Hay dos horas para comer, **así que** en las ciudades pequeñas la gente vuelve a comer a su casa. En Madrid o Barcelona los empleados comen cerca de sus oficinas. Los días de diario casi nadie duerme la siesta **porque** no hay tiempo. **En cuanto** al horario de las tiendas, es de 10:00 a 20:00, **pero** cierran de 14:00 a 17:00. **Además** no abren los domingos. Los grandes almacenes no cierran al mediodía.

Aunque muchos colegios tienen jornada continua hasta las 14:00 más o menos, todavía hay colegios con jornada partida hasta las 16:00. Después del colegio muchos niños hacen otras actividades como aprender música o hacer deporte. Los fines de semana los españoles se reúnen con su familia o amigos.

(B) **Conectores textuales. Relaciona cada palabra con su significado.**

文をつなぐ役目をする表現と、その説明を結びましょう。

1. Pero, aunque → c	a. Introduce un tema nuevo
2. Por eso, así que	b. Explica con ejemplos una información
3. Sobre, en cuanto	c. Expresa oposición
4. Además	d. Expresa la consecuencia de una acción
5. Por ejemplo	e. Expresa causa
6. Porque	f. Añade información

 **Contesta a las preguntas usando alguno de los conectores estudiados.**

A, B で学んだ文をつなぐ表現を使って、質問に答えましょう。

a. ¿Desayunan mucho los españoles? ¿Qué suelen desayunar?

b. ¿Por qué los españoles toman un bocadillo sobre las once?

c. ¿Cuál es el horario de las tiendas españolas?

d. ¿Por qué vuelven a comer a casa en las ciudades pequeñas?

 **En grupos escribid un texto explicando cómo es la vida de los japoneses.**

グループで、日本人の日常生活について書きましょう。

TAREA FINAL : Un día de mi vida　書いてみましょう。

Ⓐ Escribe un e-mail a un amigo contándole cómo es un día de tu vida.
あなたのある１日の生活について、友だちにメールを書きましょう。

a. Escribe un saludo y una despedida. 出会いの挨拶と別れの挨拶を書きましょう。

b. Piensa las acciones que haces normalmente y escríbelas por orden.
普段のあなたの行動を思い浮かべて、それらを行う順に書きましょう。

c. Para ordenar las acciones no olvides usar los marcadores temporales: antes de, después de, luego, por las mañanas, a las 8:00, etc. 順序立てて書くときには、"～する前に、～した後で、それから、午前に、8 時に"など、時を表す表現を忘れずに用いましょう。

d. Para ordenar las ideas puedes usar los conectores si los necesitas: pero, porque, así que, etc. "しかし、なぜなら、だから"など、文をつなぐ表現も用いましょう。

Ⓑ Ahora escribid el e-mail completo. それではメールを書いてみましょう。

REVISIÓN　見直してみましょう。

a. ¿Has dejado el espacio suficiente entre línea y línea? ¿Y entre párrafo y párrafo?
行と行の間、段落と段落の間には十分なスペースが空いていますか。

b. Fíjate en la gramática. ¿Has usado correctamente los verbos reflexivos? ¿Y los marcadores temporales y conectores textuales?
文法をチェックしましょう。再帰動詞や時を表す表現、文をつなぐ表現を正しく使いましたか。

c. Fíjate en el vocabulario. ¿Entiendes todo lo que has escrito?
単語をチェックしましょう。書いたことがすべて理解できますか。

d. ¿Has escrito ordenadamente las acciones? Entonces ya puedes escribir de nuevo tu e-mail. 行動を順序立てて書きましたか。ではもう一度書いて完成させましょう。

8 Una receta de cocina

  **Relaciona las acciones con los dibujos.** 動詞と絵を結びましょう。

asar　　freír　　calentar　　cocer　　poner / echar / añadir　　tostar　　cortar　　pelar　　batir

a　b　c　d　e　f　g　h　i

 **Lee la receta de la paella.** パエーリャの作り方を読みましょう。

Receta: paella mixta

Ingredientes (para 6 personas)

- 450 gramos de arroz
- 150 gramos de pollo
- 12 gambas
- 6 mejillones
- 200 gramos de calamares
- 1,4 litros de agua
- 5 cucharadas de aceite de oliva
- Una pizca de azafrán
- 50 gramos de judías verdes
- Media cucharadita de pimentón
- Tres cucharadas de tomate

Preparación

Primero, calentamos el aceite en la paellera. Freímos durante un minuto las gambas y las retiramos. Después, cortamos el pollo en trozos pequeños y lo añadimos. Luego, ponemos los calamares, añadimos las verduras y las freímos unos minutos.

A continuación, echamos el tomate y lo freímos. Después, añadimos el pimentón. Mezclamos todo y añadimos agua hasta el borde de la paellera. Luego, añadimos el arroz, ponemos sal y dejamos cocer la paella durante 10 minutos a fuego fuerte.

Por último, añadimos las gambas, los mejillones y el azafrán por toda la paella. Cuando el arroz está listo, apagamos el fuego y dejamos reposar la paella cinco minutos antes de servir. Un truco: es importante no remover el arroz desde que empieza a hervir.

 **Escribe debajo de cada fotografía el nombre de cada ingrediente.**
パエーリャの材料をスペイン語で、それぞれの写真の下に書きましょう。

D **Escribe el infinitivo de los verbos de la receta y haz frases usando la forma impersonal se + verbo en tercera persona.** レシピに出てくる動詞を不定詞で書き出して、さらに「se ＋ 動詞の３人称」の形に書きかえましょう。

Calentar: Se calienta el aceite en la paellera.

  **Fíjate en los dibujos, une las columnas y escribe frases usando la primera persona del plural.** 左右の表現をつなげながら、パエーリャの作り方を説明しましょう。動詞は１人称複数を使いましょう。

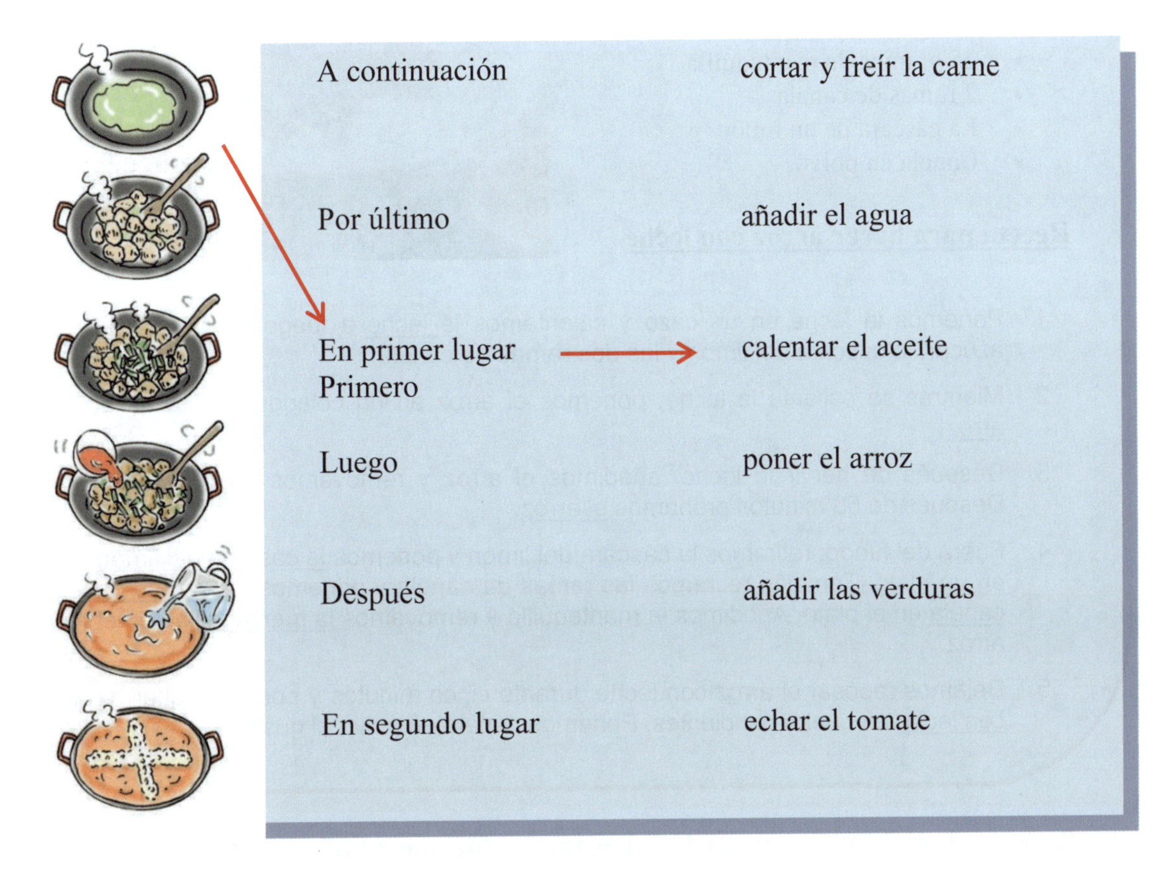

A continuación	cortar y freír la carne
Por último	añadir el agua
En primer lugar Primero	calentar el aceite
Luego	poner el arroz
Después	añadir las verduras
En segundo lugar	echar el tomate

En primer lugar calentamos el aceite.

 **Explica cómo se prepara un “cup ramen”.**

カップラーメンの作り方を説明しましょう。

En primer lugar

 **Vuelve a escribir la receta del arroz con leche usando los pronombres de complemento directo.** ライスプディングの作り方が書かれています。下線部を直接目的格人称代名詞に置きかえ、書き直しましょう。

Ingredientes para hacer arroz con leche

- 1 litro de leche
- 200 gramos de arroz
- 125 gramos de azúcar
- 25 gramos de mantequilla
- 2 ramas de canela
- La cáscara de un limón
- Canela en polvo

Receta para hacer arroz con leche

1. Ponemos la leche en un cazo y calentamos la leche a fuego medio con el azúcar, la cáscara del limón y las dos ramas de canela.
2. Mientras se calienta la leche, ponemos el arroz en un colador y lavamos el arroz.
3. Después de hervir la leche, añadimos el arroz y removemos el arroz bien. Después de 50 minutos probamos el arroz.
4. Fuera del fuego, retiramos la cáscara del limón y ponemos la cáscara del limón en un plato. También retiramos las ramas de canela y ponemos las ramas de canela en el plato. Añadimos la mantequilla y removemos la mantequilla con el arroz.
5. Dejamos reposar el arroz con leche durante cinco minutos y ponemos el arroz con leche en cuatro recipientes. Ponemos canela en polvo al gusto.

1. Ponemos la leche en un cazo y la calentamos a fuego medio…

TAREA FINAL: Receta de comida japonesa　書いてみましょう。

A **En grupos de cuatro vamos a escribir una receta de cocina japonesa.** 4人のグループで、日本料理を 1 品選び、その作り方を書きましょう。

a. Decidid sobre qué comida vais a escribir. 何の料理について書くか決めましょう。

b. Escribid los ingredientes que se necesitan para cuatro personas.
4人分の材料を書きましょう。

c. Para ordenar las acciones no olvides usar los marcadores temporales: primero, en segundo lugar, después, luego, por último, etc.
"はじめに、次に、そのあと、最後に" などの表現を用いて説明しましょう。

d. Recordad que podéis usar la primera persona del plural (ponemos) o se + verbo en tercera persona (se pone).
動詞は「1人称複数形」または「se + 動詞の3人称」を用いましょう。

B **Ahora escribid la receta completa.** それではレシピを書いてみましょう。

REVISIÓN　見直してみましょう。

a. ¿Has dejado el espacio suficiente entre línea y línea? ¿Y entre párrafo y párrafo? ¿Has dejado los márgenes necesarios? 行と行の間、段落と段落の間には十分なスペースが空いていますか。余白を残してありますか。

b. Fíjate en la gramática. ¿Has usado correctamente los verbos? ¿Y los pronombres de complemento directo? ¿Y los marcadores temporales y conectores? 文法をチェックしましょう。動詞、直接目的格人称代名詞、順序を表す表現を正しく使いましたか。

c. Fíjate en el vocabulario. ¿Entiendes todo lo que has escrito?
単語をチェックしましょう。書いたことがすべて理解できますか。

d. ¿Has ordenado bien los pasos de la receta? Entonces ya puedes escribirla en tu cuaderno. 作り方の順は正しいですか。ではもう一度書いて完成させましょう。

Mi casa

Lee el mensaje que Carla escribe a su amigo Pedro.
カルラが友だちのペドロに書いたメールを読みましょう。

Para: pedrogarcia@coldmail.es	De: yosoycarla@coldmail.es
Asunto: Casa nueva	

Hola, Pedro:

¿Qué tal estás? Yo estoy muy contenta porque mi familia y yo nos hemos cambiado de casa. Ahora vivimos en un piso en el centro de Madrid, en la calle Padilla, número 52. Es una calle muy tranquila, está cerca de la estación del metro de Goya. En el barrio hay muchas tiendas y restaurantes. También hay algunos cines y dos teatros. El edificio es antiguo, pero muy bonito. Tiene ocho pisos y yo vivo en el octavo C. Además del ascensor, el edificio tiene garaje, así que podemos aparcar nuestro coche sin problemas.

La casa es bastante grande: tiene tres dormitorios, un salón-comedor, una cocina, dos baños y una terraza. A la izquierda de la entrada está la cocina y a la derecha mi habitación. Mi habitación es pequeña, pero muy bonita. Al final del pasillo está la habitación de mis padres. A la derecha del pasillo, al lado de mi habitación, está el sálon-comedor. En el salón hay una mesa, una estantería, dos sofás y una televisión. La habitación de mi hermano pequeño está enfrente del salón. El baño grande está entre el dormitorio de mis padres y el de mi hermano. El baño pequeño está al lado de la cocina. La terraza está entre el dormitorio de mis padres y el salón.

¿Por qué no vienes a comer el próximo domingo?

Besos,

Carla

B **Contesta a las preguntas.** 質問に答えましょう。

1. ¿Dónde vive Carla? ______________________
2. ¿Vive sola? ______________________
3. ¿Cómo es el edificio? ______________________
4. ¿Qué tiene el edificio? ______________________
5. ¿Qué hay en su barrio? ______________________
6. ¿Cuántas habitaciones tiene su casa? ______________________
7. ¿Dónde está la habitación de sus padres? ______________________
8. ¿Qué hay en el salón? ______________________

C Mira el plano y escribe el nombre de las habitaciones y objetos del recuadro según la explicación de Carla. カルラの説明に従って、次の部屋や物がどこにあるのか、見取り図を完成させましょう。

pasillo	habitación padres	cocina	mesa grande
terraza	baño grande	entrada	habitación Carla
baño pequeño	estantería	habitación hermano	sofás

entrada

2 A Relaciona con las imágenes. 単語と写真を結びましょう。

1. nevera	2. televisión	3. sofá	4. estantería	5. cama	6. lámpara
7. lavadora	8. ordenador	9. armario	10. ventana	11. espejo	12. silla

4

B ¿Dónde están normalmente los objetos anteriores? Aに出てきた家具などは普通どの部屋にありますか。あてはまる場所に書き入れましょう。

HABITACIÓN	MUEBLE, APARATO, OBJETO O PARTE DE LA CASA
Salón	
Dormitorio	
Cocina	
Baño	
Entrada/Recibidor	

C Relaciona los adjetivos con su contrario y completa las frases. 反対の意味を表す形容詞を探しましょう。また形容詞を用いて文を完成させましょう。

caro	nuevo
antiguas →	fríos
luminoso	incómodo
grande	barato
tranquilas	→ modernas
calurosos	ruidosas
viejo	pequeña
cómodo	feas
bonitas	oscuro

1. Vivo en una calle bastante ____________
2. La entrada es muy ____________
3. Mi habitación es ____________
4. El salón es ____________
5. Me gustan los edificios ____________
6. Esas casas son ____________
7. Es un sofá muy ____________
8. Tu ciudad es muy ____________

D Completa el texto con SER, ESTAR, HAY, TENER.

HAY または SER, ESTAR, TENER を適切な形にして、空欄を埋めましょう。

Mi casa .... dos pisos y cuatro habitaciones. Mi habitación .... pequeña pero muy agradable porque .... muy luminosa. .... en el segundo piso, a la derecha del pasillo. En mi habitación .... muchas cosas: .... una cama, una mesa de estudio, una estantería, un ordenador, una alfombra, un armario y una mesilla de noche. La mesilla de noche .... al lado de la cama. La lámpara .... muy moderna, ... sobre la mesilla. El ordenador .... sobre la mesa de estudio. En la estantería .... muchos libros y cuadernos y .... la foto de mi novio. La alfombra .... debajo de la mesa. Dentro del armario yo .... toda mi ropa y en la puerta .... un espejo grande.

TAREA FINAL: Mi casa y mi barrio 書いてみましょう。

Escribe una composición explicando cómo es tu casa y tu barrio.
あなたの家や住んでいる地域について書いてみましょう。

a. Di en qué ciudad vives y con quién. どこの町に誰と住んでいるのか書きましょう。

b. Describe tu barrio. 住んでいる地域について書きましょう。

c. Escribe en qué tipo de casa vives y en qué piso.
住居のタイプ、住んでいる階を書きましょう。

d. Describe tu casa: expresa sus características, número de habitaciones y dónde están.
あなたの家の特徴や部屋の数、部屋の配置などについて書きましょう。

e. Describe tu habitación, cómo es, qué hay y dónde están los objetos. あなたの部屋について、どんな部屋で、部屋の中に何がどこにあるのか説明しましょう。

Ahora escribid la composición completa. それでは作文を書いてみましょう。

REVISIÓN 見直してみましょう。

a. ¿Has dejado el espacio suficiente entre línea y línea? ¿Y entre párrafo y párrafo? ¿Has dejado los márgenes necesarios? 行と行の間、段落と段落の間には十分なスペースが空いていますか。余白を残してありますか。

b. Fíjate en la gramática. ¿Has usado correctamente los verbos ser, estar, tener, hay?
文法をチェックしましょう。動詞 ser, estar, tener, hay を正しく使いましたか。

c. Fíjate en el vocabulario. ¿Has usado el vocabulario nuevo de esta lección? ¿Entiendes todo lo que has escrito? 単語をチェックしましょう。この課に出てきた新しい単語を使いましたか。書いたことがすべて理解できますか。

d. Fíjate en la ortografía. ¿Has escrito correctamente todas las palabras? Entonces, ya puedes escribir la composición en tu cuaderno. つづりをチェックしましょう。単語のつづりは正しいですか。ではもう一度書いて完成させましょう。

10 Gustos y aficiones

  **Lee el siguiente texto sobre los gustos y aficiones de Erika.**

エリカの好みや趣味について読みましょう。

facebook Buscar Inicio Perfil Buscar amigos Cuenta

¡Hola! Me llamo Erika, tengo veinte años y soy japonesa, de Yokohama. Me gusta mucho la música española y latinoamericana, sobre todo la música pop. Me encanta Shakira, tengo todos sus discos. Me gusta mucho el cine, Johnny Depp me encanta, pero no me gustan las películas de miedo. Algún día quiero visitar España, me encanta la cultura y la comida española, pero la política y la economía no me interesan nada. Me parecen muy aburridas. Los deportes no me gustan mucho, pero me gustan algunos deportistas como Messi o Piqué. Mi comida favorita es la pasta y mi bebida favorita es el té. Mi color favorito es el rojo, aunque también me gusta mucho el azul. Me gustan mucho los animales, sobre todo los gatos. Soy estudiante de español. Lo que más me gusta de la universidad son mis compañeras, son muy simpáticas. Lo que menos me gusta es tener que hacer exámenes, odio los exámenes, no me gusta estudiar mucho. En mi tiempo libre me gusta salir con mis amigas, ir al cine o ir de compras.

 **Ahora escribe cuáles son sus gustos y aficiones.**

エリカの好みや趣味について文を作りましょう。

1. Música preferida. Un cantante o una cantante.

Le gusta mucho la música española y latinoamericana. Le gusta la música pop. Le encanta Shakira.

2. ¿Le gusta el cine? Actor o actriz favorito.

____

3. ¿Qué país quiere visitar?

____

4. ¿Qué piensa sobre los deportes?

____

5. ¿Cuál es su comida y su bebida favorita?

____

6. Un color:

____

7. Un animal:

____

8. Lo que más y lo que menos le gusta de su universidad.

____

9. ¿Qué le gusta hacer en su tiempo libre?

____

10. ¿Qué le parecen la política y la economía?

____

2 A Completa el texto con los verbos del recuadro.

枠内から動詞を選んで、空欄を埋めましょう。（かっこの数字は使用する回数）

encanta	gustan (2)	interesa	gusta (3)	parecen	encantan

Me _________ mucho los deportes. Me _________ jugar al fútbol y al baloncesto. Me _________ los deportes al aire libre. No me _________ mucho el béisbol y tampoco me _________ mucho los deportes de riesgo. El rugby tampoco me _________, la verdad es que los partidos en televisión me _________ aburridos. No me _________ estar sentado delante de la televisión. A mí me _________ correr y jugar con mis amigos.

B Completa el texto con los pronombres del recuadro.

枠内から間接目的格人称代名詞を選んで、空欄を埋めましょう。

nos (2)	le (3)	os	me

En mi casa escuchamos música todos los días, desde que nos levantamos hasta que nos acostamos, pero a todos ___ gusta un tipo de música diferente. A mi madre ___ encanta la música clásica y a mi padre ___ gusta la música española de los años 80. A mi hermano y a mí ___ encanta el rock, aunque a mí también ___ gusta el jazz y el hip hop y a mi hermano ___ gustan otros tipos de música alternativa. ¿Y a vosotros? ¿Qué tipo de música ___ gusta?

3 A Tiendas. Familias de palabras. Sigue el modelo.

例にならって左の名詞から、「売っている人」「売っている店」の名詞を作りましょう。

zapato ⇨ zapat**ero** ⇨ zapat**ería**

1. Fruta	⇨		⇨	
2. Pescado	⇨		⇨	
3. Pastel	⇨		⇨	
4. Helado	⇨		⇨	
5. Pan	⇨	panadero	⇨	
6. Carne	⇨	carnicero	⇨	

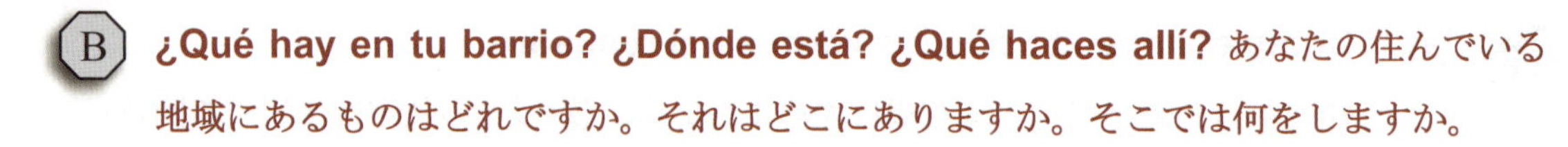

B **¿Qué hay en tu barrio? ¿Dónde está? ¿Qué haces allí?** あなたの住んでいる地域にあるものはどれですか。それはどこにありますか。そこでは何をしますか。

	Hay	No hay	¿Dónde está?	¿Qué haces allí?
Un museo	✓		Enfrente de la estación	Ver exposiciones
Un supermercado				
Una estación de tren				
Un parque				
Una oficina de correos				
Un hospital				
Un centro comercial				
Un cine				
Una biblioteca				

C **Elige la opción correcta.** 正しい方を選びましょう。

Mi barrio **hay // está** en el centro de la ciudad. Es **mucho // muy** famoso porque **hay // está** un centro comercial muy grande y siempre **está // hay** mucha gente. Además, **hay // están** dos monumentos **mucho // muy** importantes: un castillo y un templo antiguo. La calle principal tiene tiendas de moda, librerías y restaurantes. Cerca de aquí **hay // está** mi casa. Los multicines "Marion" **hay // están** en el centro comercial. Pero en mi barrio no **hay // están** museos, ni teatros.

D **¿Qué es lo que más te gusta de tu barrio? Completa las frases.** あなたの住んでいる地域について、気に入っていることは何ですか。文を完成させましょう。

1. Lo que más me gusta de mi barrio es que hay ______________________
2. Lo que más me gusta de mi barrio es que puedo ______________________
3. Lo que más me gusta de mi barrio son ______________________
4. ______________________
5. ______________________
6. ______________________

TAREA FINAL: Mis gustos y aficiones 書いてみましょう。

(A) Escribe una composición hablando de tus gustos y aficiones.

あなたの好みや趣味について書きましょう。

a. Preséntate. まず自己紹介を書きましょう。

b. Escribe sobre el tipo de música, deporte, etc. que te gusta.
あなたの好きな音楽、スポーツなどについて書きましょう。

c. Escribe sobre tu actor, color, comida, bebida, etc. preferido.
あなたの好きな俳優や、色、食べ物、飲み物などについて書きましょう。

d. Escribe sobre lo que más te gusta de tu barrio o de tu universidad.
あなたの住んでいる地域や大学について、最も気に入っていることを書きましょう。

e. Escribe sobre tus aficiones. あなたの趣味について書きましょう。

(B) Ahora escribid la composición completa. それでは作文を書いてみましょう。

REVISIÓN 見直してみましょう。

a. ¿Has dejado el espacio suficiente entre línea y línea? ¿Y entre párrafo y párrafo? ¿Has dejado los márgenes necesarios? 行と行の間、段落と段落の間には十分なスペースが空いていますか。余白を残してありますか。

b. Fíjate en la gramática. ¿Has usado correctamente los verbos? ¿Y los pronombres de complemento indirecto? ¿Y los marcadores temporales y conectores? 文法をチェックしましょう。動詞、間接目的格人称代名詞、時を表す表現、文をつなぐ表現を正しく使いましたか。

c. Fíjate en el vocabulario. ¿Entiendes todo lo que has escrito?
単語をチェックしましょう。書いたことがすべて理解できますか。

d. Fíjate en la ortografía. ¿Has escrito correctamente todas las palabras? Entonces, ya puedes escribir la composición en tu cuaderno. つづりをチェックしましょう。単語のつづりは正しいですか。ではもう一度書いて完成させましょう。

Tres fiestas españolas. Lee y di a qué fiesta corresponden las fotos.

スペインの３つのお祭りが紹介されています。読んで、該当する写真を選びましょう。

Los Sanfermines: (Pamplona, Navarra)

Los Sanfermines se celebran en Pamplona, en el norte de España. Es una fiesta religiosa en honor a San Fermín. Empiezan el seis de julio y duran una semana. La tradición más famosa es el *Encierro.* Durante unos cinco minutos, un grupo de toros bravos recorre las calles más importantes de la ciudad para llegar a la plaza de toros. Delante de ellos corren unos chicos vestidos con pantalón y camisa blancos, y pañuelo y cinturón rojos. Además, hay corridas de toros, fuegos artificiales y desfiles de *Gigantes y cabezudos,* unos muñecos de unos cuatro metros de altura.

Las Fallas: (Valencia)

Las Fallas, fiestas de San José, se celebran en Valencia entre el quince y el diecinueve de marzo. Durante todo el año se realizan los *"Ninots",* unos muñecos de cartón muy grandes que representan temas de actualidad. Los ninots se colocan en las plazas de la ciudad y se queman el día diecinueve por la noche, *"Nit del foc".* Esta fiesta recibe a la primavera: el fuego quema las cosas viejas para permitir el nacimiento de las cosas nuevas. En el Mediterráneo hay muchas ciudades que utilizan el fuego en sus fiestas. También hay fuegos artificiales y petardos.

La Feria de Abril: (Sevilla, Andalucía)

En la última semana del mes de abril se celebra en Sevilla la Feria de Abril. Se hace en el *Recinto ferial* y se adorna con luces de colores. Son típicas las *casetas,* lugares donde la gente baila flamenco, canta, bebe vinos andaluces y come jamón y *pescaito frito*. Las mujeres se visten con el traje de flamenco, que simboliza la belleza de las flores. También los hombres llevan típicos trajes andaluces y algunos pasean a caballo o en coche de caballos por el *Recinto ferial.*

B **Contesta a las preguntas.** 質問に答えましょう。

1. ¿Cuándo se celebra la Feria de Abril?

____

2. ¿Qué ropa llevan los chicos en los Sanfermines?

____

3. ¿Cuál es la tradición más famosa en los Sanfermines?

____

4. ¿Qué son los *Ninots*?

____

5. ¿Qué se hace en la Feria de Abril?

____

  **La fiesta de los muertos en México. En grupos, completad con los verbos del recuadro.** メキシコの死者の日について読みましょう。グループで、空欄に入る動詞を選び、3 人称単数または複数を使って埋めてみましょう。

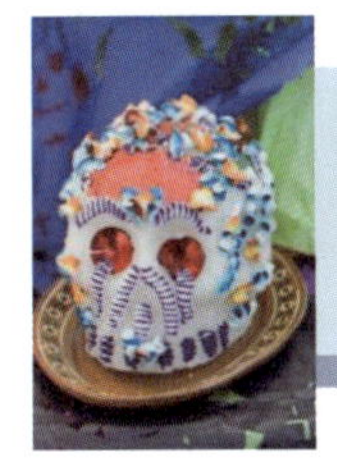

vivir	hacer	poner	limpiar	pensar
regalar	adornar (2)	celebrar	vender	colocar

El día de los muertos en México es Patrimonio Cultural de la Humanidad. Es una fiesta mágica y especial. Se .... los días uno, dos y tres de noviembre. Se .... que en estos días los muertos vuelven para visitar a sus familias y amigos. Las calles se .... con calaveras y esqueletos de colores. También se .... altares dedicados a los muertos, donde se .... sus fotos, velas, papeles de colores y su comida preferida. Las calaveritas de azúcar se .... a los amigos. Estos dulces se .... con azúcar, chocolate y amaranto y se .... en los mercados. Los mexicanos van al cementerio para recordar a sus muertos. Las tumbas primero se .... muy bien y después se .... con flores y bonitas velas de colores. Aunque es un día triste, en México se .... con alegría.

B Contesta a las siguientes preguntas sobre Japón.

日本について、質問に答えましょう。

1. ¿Se celebra el día de los muertos en Japón?

____

2. ¿Cuándo se celebra?

____

3. ¿Qué se hace?

____

3  A Fíjate bien. 説明を読みましょう。

Usos de se:

1) Presentar la información de forma general e impersonal:

- La gente baila flamenco y bebe vino. ⇨ - *Se baila* flamenco y *se bebe* vino.

2) Impersonalidad: verbo + 3ª persona singular / plural

- Los ninots *se colocan* en las plazas. / - La feria *se adorna* con luces.

3) Verbos reflexivos: - Las mujeres *se visten* con el traje de flamenco.

B Sigue el ejemplo. 例にならって「se + 動詞の 3 人称」の形に書きかえましょう。

En Japón la gente come mucho pescado. ⇨ En Japón *se come* mucho pescado.

1. En Cataluña la gente habla catalán y castellano. ⇨
2. En España la gente cena muy tarde. ⇨
3. En Japón la gente estudia kanji desde los seis años. ⇨

C Relaciona y escribe las frases. 枠内の語句を結んで、文を作りましょう。

1. Las ventanas
2. Ese dulce
3. Los muñecos
4. Las fiestas
5. El tabaco
6. Las flores
7. Mi nombre

a. se celebran en mayo.
b. se vende en el mercado.
c. se adornan con flores.
d. se hacen con cartón.
e. se hace con chocolate.
f. se escribe con "K".
g. se ponen en un jarrón.

1. Las ventanas se adornan con flores.

TAREA FINAL: Una fiesta popular japonesa　書いてみましょう。

A　Escribe una composición sobre una fiesta popular que se celebre en Japón. 日本のお祭りについて書きましょう。

a. Di el nombre de la fiesta. お祭りの名前を書きましょう。

b. Di la ciudad donde se celebra, cuándo se celebra y cuánto tiempo dura.
　どこの町で、いつ、どのくらいの期間行われるか書きましょう。

c. Explica qué se celebra. 何を祝うのか説明しましょう。

d. Describe qué cosas se hacen. どんなことをするのか説明しましょう。

e. Pon alguna foto sobre esta fiesta. お祭りの写真も載せましょう。

B　Ahora escribid la composición completa. それでは作文を書いてみましょう。

REVISIÓN　見直してみましょう。

a. ¿Has dejado el espacio suficiente entre línea y línea? ¿Y entre párrafo y párrafo? ¿Has dejado los márgenes necesarios? 行と行の間、段落と段落の間には十分なスペースが空いていますか。余白を残してありますか。

b. Fíjate en la gramática. ¿Has usado correctamente las frases con se + verbo?

文法をチェックしましょう。「se ＋ 動詞の３人称」を正しく使いましたか。

c. Fíjate en el vocabulario. ¿Has usado el vocabulario nuevo de esta lección? ¿Entiendes todo lo que has escrito? 単語をチェックしましょう。この課に出てきた新しい単語を使いましたか。書いたことがすべて理解できますか。

d. ¿Has explicado con detalle cómo es la fiesta y qué se hace? Entonces, ya puedes escribir la composición en tu cuaderno. どんなお祭りか、どんなことをするのか詳しく説明できましたか。ではもう一度書いて完成させましょう。

12 Mis últimas vacaciones

  **Lee el siguiente texto de Miyuki sobre sus últimas vacaciones.**

ミユキが過ごした休暇について読みましょう。

Mis últimas vacaciones

El verano pasado fui a España con mis compañeros de universidad. Estuvimos más de un mes. Fuimos en avión e hicimos escala en Zurich, Suiza. En total el viaje duró unas dieciséis horas. Primero fuimos a Barcelona, allí visitamos la Sagrada Familia, el Parque Güell, la casa Milá y el Barrio Gótico. El segundo día fuimos a Figueras y vimos el museo Dalí. El tercer día fuimos al Camp Nou y compré una camiseta del Barsa. Después fuimos a Santander en autobús. Estuvimos allí cuatro semanas. Por las mañanas estudié mucho español en la Universidad y por las tardes paseé por la playa, me bañé en el mar, fui de compras y practiqué español. Después de Santander viajamos un poco por España. Visitamos Burgos, Salamanca, Ávila, Segovia, Madrid y Toledo. En Madrid estuvimos tres noches. Yo visité el Museo del Prado y el Centro Reina Sofía. Compré muchos regalos para mis amigos en el Corte Inglés y comí mucha comida española. En el norte hizo muy buen tiempo, pero en Madrid hizo mucho calor. Fue un viaje muy divertido y me lo pasé genial. Hice muchos amigos y aprendí mucho español. El año que viene quiero volver a España.

Miyuki

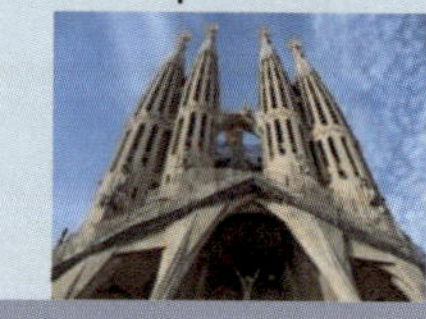

B **Contesta a las preguntas.** 質問に答えましょう。

1. ¿A dónde fue Miyuki en sus últimas vacaciones? ¿Con quién fue?

   ____

2. ¿Cuánto tiempo estuvo? ______________________________

3. ¿Qué hizo en Barcelona? ______________________________

4. ¿Qué hizo en Santander? ______________________________

5. ¿Qué tiempo hizo? ______________________________

6. ¿Cómo fue el viaje? ______________________________

  **Relaciona las preguntas con los infinitivos.**

左の質問の答えとなる表現を右から探しましょう。

¿A dónde fuiste?	ir con tres amigos
¿Cuándo fuiste?	estar ocho días
¿Con quién fuiste?	ir a España
¿Cómo fuiste?	alojarse en un hotel
¿Cuánto tiempo estuviste?	ir el verano pasado
¿Dónde te alojaste?	visitar Madrid y Barcelona, hacer compras y comer mucho
¿Qué hiciste?	ir en avión
¿Qué tiempo hizo?	ser un viaje muy divertido
¿Qué tal fue el viaje?	hacer muy buen tiempo

B **Escribe frases con la información anterior.**

A の不定詞を適切な形にして、質問の答えを作りましょう。

1. El año pasado fui a España.
2. ______________________________
3. ______________________________
4. ______________________________
5. ______________________________
6. ______________________________
7. ______________________________
8. ______________________________
9. ______________________________

C **Ahora escribe el texto completo de tu viaje.**

旅行についての作文を完成させましょう。

El año pasado fui a España.

  **Une las frases de la izquierda con las de la derecha.**

左右の文を結びましょう。

El último viaje que hice fue a Tailandia.	Me encantó la Torre Eiffel.
En mis últimas vacaciones estuve en México.	Estuve una semana y comí mucha comida picante.
El verano pasado fui a París.	Todos los días me bañé en el mar y me puse muy moreno.
No quiero hablar de mis últimas vacaciones.	Hizo mucho calor y bebí tequila.
Hace tres años estuve de vacaciones en la playa.	Fueron horribles. Hizo muy mal tiempo y no pude salir del hotel.

(B) **Completa las frases libremente.** 自由に文を完成させましょう。

1. El último viaje que hice fue a ____________________
2. En mis últimas vacaciones ____________________
3. El verano pasado ____________________
4. No quiero ____________________
5. Hace dos años ____________________
6. ____________________

TAREA FINAL : Mis últimas vacaciones　書いてみましょう。

(A) Escribe una composición sobre tus últimas vacaciones.

あなたが過ごした一番最近の休暇について書きましょう。

a. Escribe dónde, con quién y cómo fuiste.
どこへ、誰と、どうやって行ったのか書きましょう。

b. Escribe cuánto tiempo estuviste. どのくらいの期間滞在したのか書きましょう。

c. Escribe qué ciudades y lugares visitaste. どこを訪ねたのか書きましょう。

d. Escribe dónde te alojaste. どこに泊まったのか書きましょう。

e. Escribe qué hiciste en estas ciudades. それらの町で何をしたのか書きましょう。

f. Escribe qué comiste, qué compraste, etc.
何を食べたか、何を買ったのかなど書きましょう。

g. Escribe qué tiempo hizo. どんな天気だったか書きましょう。

h. Escribe qué tal lo pasaste. どんな休暇だったか書きましょう。

(B) Ahora escribid la composición completa. それでは作文を書いてみましょう。

REVISIÓN　見直してみましょう。

a. ¿Has dejado el espacio suficiente entre línea y línea? ¿Y entre párrafo y párrafo? ¿Has dejado los márgenes necesarios? 行と行の間、段落と段落の間には十分なスペースが空いていますか。余白を残してありますか。

b. Fíjate en la gramática. ¿Has usado correctamente los verbos en pretérito indefinido? 文法をチェックしましょう。点過去を正しく使いましたか。

c. Fíjate en el vocabulario. ¿Has usado el vocabulario nuevo de esta lección? ¿Entiendes todo lo que has escrito? 単語をチェックしましょう。この課に出てきた新しい単語を使いましたか。書いたことがすべて理解できますか。

d. ¿Has escrito por orden todo lo que hiciste en tu viaje? Entonces, ya puedes escribir la composición en tu cuaderno. 旅行中何をしたか、順序立てて書きましたか。ではもう一度書いて完成させましょう。

1

Ahora en parejas seguid el modelo y dictaos las palabras.

例にならってペアで、単語のつづりを教えあいましょう。

Alumno B (Alumno A ⇨ página 3)

1.	2. español	3.	4. amigos	5.
6. manzana	7.	8. perro	9.	10. carretera

4

3 **Dictado. Lee a tu compañero la parte del e-mail que tienes escrita y completa lo que te falta con la parte que él te dicte.**

ペアの相手に、メールに書かれている文を読んであげましょう。次に相手の読むメールの内容を聞き取って、空欄に書き入れましょう。

Alumno B (Alumno A ⇨ página 15)

Querida Megumi:

__________________ Yo estoy muy bien. __________________ __________________________ y estoy muy contento. ________________ ______________________________________. Es una universidad privada y tiene dos campus. ________________________________ _____________________________. Es una universidad pequeña, pero muy bonita.

Yo soy estudiante del Departamento de Lenguas Extranjeras. ________________________, ____________________. Las clases son muy interesantes y hay muy buenos profesores. ________________________ ¿Es grande o pequeña?

Espero tu e-mail. Un abrazo,

Felipe

Unidad 1

① アルファベット　② 注意すべき子音のつづり　③ アクセント　④ 大文字の使い方
⑤ 記号の使い方 (1)　⑥ 語順 (1)

1 アルファベット

文字	**A a**	**B b**	**C c**	**D d**	**E e**	**F f**	**G g**	**H h**	**I i**
名称	*a*	*be*	*ce*	*de*	*e*	*efe*	*ge*	*hache*	*i*
文字	**J j**	**K k**	**L l**	**M m**	**N n**	**Ñ ñ**	**O o**	**P p**	**Q q**
名称	*jota*	*ka*	*ele*	*eme*	*ene*	*eñe*	*o*	*pe*	*cu*
文字	**R r**	**S s**	**T t**	**U u**	**V v**	**W w**	**X x**	**Y y**	**Z z**
名称	*erre*	*ese*	*te*	*u*	*uve*	*uve doble*	*equis*	*ye* *i griega*	*zeta*

2 注意すべき子音のつづり

1. /k/ カ行の音

[ka]	[ke]	[ki]	[ko]	[ku]
ca	que	qui	co	cu
casa	*queso*	*Quijote*	*Colombia*	*Cuba*

2. /θ/ 舌先を上の前歯の先に当てて出すサ行の音

[θa]	[θe]	[θi]	[θo]	[θu]
za	ce	ci	zo	zu
zapato	*cero*	*cine*	*zorro*	*Venezuela*

3. /g/ ガ行の音

[ga]	[ge]	[gi]	[go]	[gu]
ga	gue	gui	go	gu
gato	*guerra*	*guitarra*	*goma*	*guapo*

4. /x/ のどの奥から出すハ行の音

[xa]	[xe]	[xi]	[xo]	[xu]
ja	je / ge	ji / gi	jo	ju
Japón	*jersey* *gente*	*jirafa* *gimnasia*	*jota*	*Juan*

5. グェ güe、グィ güi

[gue]	güe	*cigüeña*

[gui]	güi	*pingüino*

6. その他の子音

ch	[tʃ] チャ行の音	*chaqueta, China*
ñ	ニャ行の音	*España, niño*
ll / y	[ʎ] リャ、ジャ、またはヤ行に近い音	*llave, yen*
	単独または語末の y は [i]	*y, muy*
r / rr	語頭または rr でつづられる場合は、舌先を震わせる巻き舌	*rápido, torre*
	[ɾ] 舌先を 1 回だけ弾くラ行の音	*caramelo, amor*
b / v	[b] バ行の音	*banco, vino*
h	無音（書かれていても読まない）	*hola, hotel*

③ アクセント

スペイン語のアクセント記号は「´」の一種類で、*á, é, í, ó, ú* のように母音につく。

1. 強勢（強く発音する位置）による語の分類

最後の音節に強勢のある語	*hote**l**, yogu**r**, caf**é**, Jap**ó**n*
終わりから2番目の音節に強勢のある語	*ven**ta**na, **si**lla, **ár**bol, **lá**piz*
終わりから3番目（または4番目）の音節に強勢のある語	*te**lé**fono, **plá**tano, **rá**pido*

2. アクセント記号がつくルール

母音または-n, -s で終わる語で、最後の音節に強勢がある場合、強く発音する母音にアクセント記号がつく	*caf**é**, Per**ú**, Jap**ó**n, pa**ís***
-n, -s 以外の子音で終わる語で、終わりから 2 番目の音節に強勢がある場合、強く発音する母音にアクセント記号がつく	***ár**bol, **lá**piz*
終わりから3番目（または4番目）の音節に強勢がある場合、強く発音する母音に常にアクセント記号がつく	*te**lé**fono, **plá**tano, **rá**pido, **Mé**xico*

3. アクセント記号の有無で意味の変わる語

疑問詞： qué, cómo, quién, cuál, cuánto, dónde	接続詞・関係詞： que, como, quien, cual, cuanto, donde
¿Cómo te llamas? / ¿Cómo se escribe?	*Lo que más me gusta de la universidad son mis compañeras.* (Unidad 10 参照)

④ 大文字の使い方

姓名の語頭：*Rie Mori*	文頭：*El español o…*
地名の語頭：*Japón, Madrid*	ピリオドのあと：*… en África. En Estados Unidos…*

⑤ 記号の使い方 (1)

疑問符 ¿?	疑問文の前後に置かれる：***¿Cómo te llamas? / ¿Cómo se escribe?***
ピリオド .	平叙文の終わりに書く。段落を変える必要がない場合には、ピリオドを打ってそのまま行を続ける。
コンマ ,	文の中の短い休止を表す。一連の語句を区切るときに用いられるが、y「そして」や o「または」などの接続詞で結ぶ場合には不要になる。
コロン :	前文に関して、具体的な説明を始める前に置く。

⑥ 語順 (1)

1. 平叙文では「主語＋動詞＋その他の語」になる。（主語は省略されることがある。）

La capital de Japón　es　Tokio.　　　(Yo)　*Me llamo*　*Rie.* 私の名前はリエです。
　　主語　　　　　動詞　　　　　　　主語（再帰）動詞

2. 疑問詞を用いる疑問文では「疑問詞＋動詞」になる。

¿Cómo　te llamas?　　君の名前は？
　疑問詞（再帰）動詞

（下線部 “me llamo” “te llamas” は llamarse「～という名前である」という再帰動詞。Unidad 7 参照。）

Unidad 2

① 動詞 *ser* (1)　② 名詞　③ 不定冠詞・定冠詞　④ 語順 (2)　⑤ 記号の使い方 (2)
⑥ *Estudio* (動詞 *estudiar*)

1 動詞 *ser* (1)

英語の be 動詞に相当する動詞の一つ。スペイン語の動詞は、主語の人称や数によって変化（活用）する。動詞の形で主語がわかるとき、主語は省略できる。

1. 活用（直説法現在　不規則活用）

主語の人称代名詞（単数）		主語の人称代名詞（複数）	
yo　私	**soy**	nosotros / nosotras　私たち	**somos**
tú　君	**eres**	vosotros / vosotras　君たち	**sois**
él / ella, usted 彼 / 彼女 、あなた	**es**	ellos / ellas, ustedes 彼ら / 彼女たち、あなた方	**son**

2. 用法

a. *ser* + 名詞：名前や職業、国籍を表す　*Soy María.* / *Satomi es azafata.* / *Son españoles.*

b. *ser* + 形容詞：身体の特徴や性格を表す　*Antonio es delgado y muy inteligente.*（Unidad 3 参照）

c. *ser* + de + 地名：出身を表す　*(Yo) Soy de Lima.*

2 名詞

1. すべての名詞は男性名詞か女性名詞にわけられる。-o で終わる名詞の多くは男性名詞、-a で終わる名詞の多くは女性名詞だが、例外や、男女同形の名詞もある。

camarero（男性）　camarera（女性）　queso（男性）　croqueta（女性）

profesor（男性）　profesora（女性）　español（男性）　española（女性）

parque（男性）　universidad（女性）　cantante（男女同形）　pianista（男女同形）

2. 単数形と複数形がある。母音で終わる名詞には-s、子音で終わる名詞には-es をつけて複数形にする。

	単数	複数
男性	argentino	argentinos
女性	argentina	argentinas

単数	複数
japonés	japoneses
japonesa	japonesas

単数	複数
estudiante	estudiantes
estudiante	estudiantes

3 不定冠詞・定冠詞

不定冠詞 「ある、一つの」「いくつかの」	
un grupo	**unos** grupos
una empresa	**unas** empresas

定冠詞 「その」「それらの」	
el japonés	**los** japoneses
la universidad	**las** universidades

1. 不定冠詞は、不特定の物や人を表す名詞や、初めて話題にする名詞の前に置かれる。複数形は「いくつかの」を意味する。

Soy estudiante de inglés en una universidad americana.

Soy cantante en un grupo de música rock.

2. 定冠詞は、特定された物や人を表す名詞や、既に話題にした名詞の前に置かれる。

Soy estudiante de japonés en la Universidad Autónoma de Madrid.

4 語順 (2)

1. 肯定文

主語 + 動詞 + その他の語

(Yo) Soy de Lima.

Soy profesor de Literatura.

2. 否定文

主語 + no + 動詞 + その他の語

(Yo) No soy de Lima.

No soy profesor de Literatura.

3. 疑問文

疑問詞を用いる疑問文	
¿（前置詞＋） 疑問詞＋動詞＋主語？	
¿Qué eres (tú)?	*(Yo) Soy médico.*
¿De dónde son ustedes?	*Somos mexicanos.*

SÍ または NO で答える疑問文	
¿動詞＋主語＋その他の語？ ¿主語＋動詞＋その他の語？	
¿Es Erika estudiante?	*Sí, es estudiante.*
¿Erika es estudiante?	*No, no es estudiante.*

5 記号の使い方 (2)

感嘆符 ¡!	感嘆文の前後に置かれる：*¡Hola! / ¡Qué bien!* （Unidad 6 参照）

6 *Estudio*

También estudio japonés. 私は日本語も勉強しています。

下線部は動詞 estudiar「勉強する」の 1 人称単数（Unidad 5 参照）。

Unidad 3

① 動詞 *tener* (1)	② 形容詞	③ 動詞 *ser* (2)	④ 動詞 *estar* (1)	⑤ 数 1〜100
⑥ 数 100〜	⑦ *pero*	⑧ 記号の使い方 (3)		

❶ 動詞 *tener* (1)

1. 活用（直説法現在　不規則活用）

tengo	tienes	tiene	tenemos	tenéis	tienen

2. 用法

a. 「（物を）持っている」「（家族、友人等が）いる」：*Tengo un hermano.* / *No tengo hermanos.*

b. 「年齢が〜歳である」：*Mi padre tiene 46 años.* / *Yo tengo 20 años.*

c. 髪や目等の特徴を言う：*Mi abuela tiene el pelo corto.* / *Mi madre tiene los ojos negros.*

（“mi” は所有形容詞「私の」。Unidad 4 参照。）

❷ 形容詞

形容詞は修飾する名詞の性数にあわせて形を変える。

-o で終わる形容詞

	単数	複数
男性	corto	cortos
女性	corta	cortas

-o 以外で終わる形容詞（数の変化のみ）

単数	複数
joven	jóvenes
joven	jóvenes

単数	複数
inteligente	inteligentes
inteligente	inteligentes

❸ 動詞 *ser* (2)

a. 身体の特徴、性格や性質を言う：*Mi madre es morena.* / *Mi hermano es simpático.*

b. 家族の人数を言う：*Esta es mi familia, somos cinco.*

❹ 動詞 *estar* (1)

英語の be 動詞に相当するもう一つの動詞。

1. 活用（直説法現在　不規則活用）

estoy	estás	está	estamos	estáis	están

2. 用法

a. 心身の状態を言う：*Mi abuela siempre está de buen humor.* / *Estoy cansada.*
/ *Estoy muy contenta.* (Unidad 4 参照)

b. 「既婚である」「独身である」：*Teresa está casada.* / *Yo estoy soltero.*

❺ 数 1 ～100

0	cero	10	diez	20	veinte	30	treinta
1	uno	11	once	21	veintiuno	31	treinta y uno
2	dos	12	doce	22	veintidós	32	treinta y dos
3	tres	13	trece	23	veintitrés	40	cuarenta
4	cuatro	14	catorce	24	veinticuatro	50	cincuenta
5	cinco	15	quince	25	veinticinco	60	sesenta
6	seis	16	dieciséis	26	veintiséis	70	setenta
7	siete	17	diecisiete	27	veintisiete	80	ochenta
8	ocho	18	dieciocho	28	veintiocho	90	noventa
9	nueve	19	diecinueve	29	veintinueve	100	cien

❻ 数 100～

100	cien	1000	mil
101	ciento uno	1001	mil uno
200	doscientos	1200	mil doscientos
300	trescientos	2000	dos mil
400	cuatrocientos	3000	tres mil
500	quinientos	10 000	diez mil
600	seiscientos	15 000	quince mil
700	setecientos	100 000	cien mil
800	ochocientos	200 000	doscientos mil
900	novecientos	1 000 000	un millón

❼ *pero*「しかし」

一つの文の中で、対立した意味を持つ形容詞等をつなげるときに用いる。通常 pero の前にはコンマを置く。

Es un poco serio, pero muy amable.

❽ 記号の使い方 (3)

ピリオド .	平叙文の終わりに書く。段落が終わったら改行し、字下げをして次の文を書き始める。
コロン :	手紙の書き出し部分に用いる：*Hola, amigos:*
コンマ ,	手紙の書き出しの挨拶（Hola 等）のあと、相手の名前の前に置く：*Hola, María:*

Unidad 4

① 動詞 *haber*　② 動詞 *estar* (2)　③ 動詞 *tener* (2)　④ 動詞 *ser* (3)　⑤ 所有形容詞

1 動詞 *haber*

1. hay という形を用いる。存在する物や人が単数でも複数でも形は変わらない。

Hay un cine. / Hay dos bibliotecas. / Hay muchos estudiantes.

2. 用法

a. 不特定の人や物の存在を表す：*En la universidad hay una biblioteca.*

b. 不特定の人や物の数量を表す：*Hay dos cafeterías. / Hay muchos estudiantes.*

存在する人や物を表す名詞には不定冠詞や数量を表す語をつけることができる。無冠詞でもよい。

En Tokio En la universidad Aquí	hay	un libro unos libros dos campus mucha agua muchos libros edificios altos	una biblioteca unas mesas tres cafeterías mucho tiempo muchas tiendas aulas grandes	un camarero unas profesoras 1300 estudiantes mucha gente muchos estudiantes buenos alumnos

2 動詞 *estar* (2)

特定の人や物の所在を表す。存在する人や物を表す名詞に定冠詞、所有形容詞等がつくとき、また存在する人や物が人称代名詞や固有名詞で表されているときには haber ではなく estar を用いる。

El campus está en el norte de Madrid. / Mis clases están en el Edificio 3.

¡ATENCIÓN!:	*En la universidad hay ~~la~~ cafetería .* *En la universidad hay **una** cafetería.*	*En la cafetería siempre ~~está~~ mucha gente.* *En la cafetería siempre **hay** mucha gente.*

3 動詞 *tener* (2)

所有を表す。場所や物の描写にも用いられる。

Tengo tres profesoras japonesas. / La universidad tiene dos campus.

4 動詞 *ser* (3)

人や物の性格・性質を表す。

ser + 名詞 + 形容詞：*Es una universidad pequeña.*	ser + 形容詞：*Es antigua.*

5 所有形容詞

名詞の前に置かれ、mi, tu, su は後ろにくる名詞の数に、nuestro, vuestro は名詞の性・数に一致させる。

	後ろにくる名詞		後ろにくる名詞	
	男性単数	男性複数	女性単数	女性複数
私の	**mi** libro	**mis** libros	**mi** mesa	**mis** mesas
君の	**tu** libro	**tus** libros	**tu** mesa	**tus** mesas
彼の、彼女の、あなたの	**su** libro	**sus** libros	**su** mesa	**sus** mesas
私たちの	**nuestro** libro	**nuestros** libros	**nuestra** mesa	**nuestras** mesas
君たちの	**vuestro** libro	**vuestros** libros	**vuestra** mesa	**vuestras** mesas
彼らの、彼女たちの、あなた方の	**su** libro	**sus** libros	**su** mesa	**sus** mesas

Unidad 5

①直説法現在規則動詞　②直説法現在不規則動詞 (1)　③時を表す表現　④月と曜日
⑤ *para* + 不定詞

❶ 直説法現在－規則動詞

1. 活用

estudiar（-ar 動詞）

yo	estudi**o**	nosotros / nosotras	estudi**amos**
tú	estudi**as**	vosotros / vosotras	estudi**áis**
él / ella, usted	estudi**a**	ellos / ellas, ustedes	estudi**an**

cenar　llevar　bailar　trabajar　nadar

comer（-er 動詞）

com**o**	com**emos**
com**es**	com**éis**
com**e**	com**en**

beber　leer

vivir（-ir 動詞）

viv**o**	viv**imos**
viv**es**	viv**ís**
viv**e**	viv**en**

escribir

2. 直説法現在の用法

現在行われている行為や状態、現在における習慣等を表す。

❷ 直説法現在－不規則動詞 (1)

saber	知っている	**sé**	**sabes**	**sabe**	**sabemos**	**sabéis**	**saben**
hacer	する、作る	**hago**	**haces**	**hace**	**hacemos**	**hacéis**	**hacen**
salir	出る	**salgo**	**sales**	**sale**	**salimos**	**salís**	**salen**
ver	見る	**veo**	**ves**	**ve**	**vemos**	**veis**	**ven**
ir	行く	**voy**	**vas**	**va**	**vamos**	**vais**	**van**

❸ 時を表す表現

1. *desde, hasta* ：始点と終点を表す。

- 「～時から/まで」： *Desde las 9:00 hasta las 5:00 estudio en la universidad.*
- 「～曜日から/まで」： *Trabajo en un restaurante español desde el lunes.*
- 「～月から/まで」（月名に冠詞は不要）： *Desde abril vivo sola en Tokio.*
- 副詞とともに用いる（Unidad 7 参照）： *hasta muy tarde*

2. *de, a*：始点と終点を表す。

- 「～時から/まで」（冠詞は不要）：*De 9:00 a 5:00 estudio en la universidad.*
- 「～曜日から/まで」（冠詞は不要）： *Trabajo en un restaurante español de viernes a domingo.*
- 「～月から/まで」（冠詞は不要）：*De abril a julio y de septiembre a enero tengo clases en la universidad.*

3. *después de...*：「～の後で」

- *después de* + 名詞： *Después de las clases voy a la biblioteca.*
- *después de* + 不定詞： *Después de comer hablo con mis amigas.*

4. 頻度の表現

siempre	いつも	*Siempre estudio en la biblioteca.*
casi siempre	たいていいつも	*Casi siempre voy a la universidad en bici.*
normalmente	普通は	*Normalmente trabajo en una cafetería.*
muchas veces	何度も	*Muchas veces hago los deberes por la mañana.*
a menudo	しばしば	*A menudo voy al gimnasio.*
a veces	時々	*A veces veo una película en el cine.*
pocas veces	ほとんど〜ない	*Pocas veces hago deporte.*
casi nunca	めったに〜ない	*Casi nunca estudio por la noche.*
nunca	決して〜ない	*Nunca trabajo los domingos. = No trabajo nunca los domingos.*

todas las mañanas / tardes / noches 毎朝 / 毎日午後 / 毎晩
todos los días 毎日
(todos) los lunes / martes / miércoles… 毎週月曜日 / 火曜日 / 水曜日…
todas las semanas 毎週
todos los meses 毎月
todos los años 毎年
por la mañana / tarde / noche 午前に / 午後に / 夜に por las mañanas / tardes / noches 毎日午前に / 午後に / 夜に

una vez al día 1日1回
dos, tres… veces a la semana 週に2回 / 3回…
un día al mes 月に1日
dos, tres… días al año 年に2日 / 3日…

4 月と曜日

enero	febrero	marzo	abril	mayo	junio
julio	agosto	septiembre	octubre	noviembre	diciembre

lunes	martes	miércoles	jueves	viernes	sábado	domingo

5 *para* + 不定詞

目的を表す：「〜するために」

Normalmente voy al gimnasio ***para*** *nadar.* / *Todos los sábados voy a la discoteca* ***para*** *bailar.*

Unidad 6

① *ir a* + 不定詞　② *pensar* + 不定詞　③ 不定詞を用いた表現　④ 主な前置詞

1 *ir a* + 不定詞

「（近い未来に）～だろう、～するつもりだ」

voy		
vas		*visitar*
va	*a* +	*comprar*
vamos		*comer*
vais		*ir*
van		

Estas vacaciones voy a ir a España.

Vamos a visitar la Sagrada Familia.

2 *pensar* + 不定詞

「～しようと思う、～するつもりだ」

pienso	
piensas	
piensa	*pasear*
pensamos	*escribir*
pensáis	
piensan	

Por la tarde pienso pasear por la playa.

Todas las semanas pienso escribir en mi blog.

3 不定詞を用いた表現

poder	*ir*	～できる	*No puedo ir a España.*
querer	*comprar*	～したい	*Quiero ir a España.*
tener que		～しなければならない（個人的な義務）	*Tengo que ir a España.*
hay que		（誰でも）～しなければならない（一般的な義務）	*Hay que ir a España.*

poder	**puedo**	**puedes**	**puede**	**podemos**	**podéis**	**pueden**
querer	**quiero**	**quieres**	**quiere**	**queremos**	**queréis**	**quieren**

4 主な前置詞

a	～へ ～時に 〈人〉に	*Voy a ir **a** España.* *La clase comienza **a** las 9:00.* *Compramos caramelos **a** los niños.*
con	～と一緒に	*Voy a ir **con** mis compañeras.*
de	～の（所属） ～の（所有）	*mis compañeras **de** la universidad* *el libro **de** María*
en	～の中に ～の中で 〈乗り物〉で 〈時期〉に	*Hokkaido está **en** el norte de Japón.* *Vamos a estudiar **en** la universidad.* *Vamos a ir a Pamplona **en** autobús.* *Ya estamos **en** verano.*
por	～のあたりを 〈午前 / 午後 / 夜〉に	*Pienso pasear **por** la playa.* ***Por** la mañana vamos a estudiar español.*
para	～に対して（対象） ～のために（目的）	*Voy a comprar muchas cosas **para** mis amigos.* *Voy a estudiar mucho **para** mejorar mi español.*

Unidad 7

①直説法現在不規則動詞 (2)　②再帰動詞　③動詞 *gustar*　④時刻の表現
⑤接続詞 *y* と *o*　⑥文をつなぐ表現

1 直説法現在－不規則動詞 (2)

1. 語幹母音変化動詞

empezar (e ⇒ ie)

empi**e**z**o**	empez**amos**
empi**e**z**as**	empez**áis**
empi**e**z**a**	empi**e**z**an**

cerrar

Los colegios y trabajos empiezan a las 9:00.

volver (o ⇒ ue)

vuelvo	volv**emos**
vuelves	volv**éis**
vuelve	**vuelven**

contar　acostar　soler　dormir

Normalmente vuelvo a casa sobre las 14:30.

jugar (u ⇒ ue)

juego	jug**amos**
juegas	jug**áis**
juega	**juegan**

Los sábados juego a los bolos casi siempre.

vestir (e ⇒ i)

visto	vest**imos**
vistes	vest**ís**
viste	**visten**

Me visto después de desayunar.

2. 動詞 *poner*

poner	置く	**pongo**	**pones**	**pone**	**ponemos**	**ponéis**	**ponen**

2 再帰動詞

「自分自身を / に」を表す再帰代名詞 (*me, te, se, nos, os, se*) を常にともなう。

1. 再帰動詞 *levantarse*

yo	**me levanto**	nosotros / nosotras	**nos levantamos**
tú	**te levantas**	vosotros / vosotras	**os levantáis**
él / ella, usted	**se levanta**	ellos / ellas, ustedes	**se levantan**

ducharse　vestirse　ponerse　maquillarse　acostarse　dormirse　peinarse　bañarse　lavarse

Normalmente me levanto a las 7:00. / *Me pongo las lentillas.*

2. después de, antes de の後ろに再帰動詞が来る場合、再帰代名詞は不定詞の後ろにつけて一語とする。

Después de levantarme, hago gimnasia diez minutos. / *Antes de dormirme, leo un rato en la cama.*

3 動詞 *gustar*

好きである人「…は」		動詞「好きです」	主語「～が」
a mí	me		
a ti	te		estudiar
a él, a ella, a usted, a María…	le	gusta	ir al cine y jugar al tenis
a nosotros/as, a Juan y a mí	nos		
a vosotros/as, a ti y a Luis	os		
a ellos, a ellas, a ustedes, a Carlos y a Paloma	les		

1. 主語（好きなもの）が不定詞の場合、動詞は 3 人称単数形 *gusta* になる。

2. 動詞 encantar「大好きである」も gustar と同じように用いられるが、encantar は否定文にしたり、mucho や poco をつけたりはできない。

A mí me encanta leer en la cama. × *No me encanta.* × *Me encanta mucho.*

4 時刻の表現「〜時〜分に」

a sobre	la	una	y cinco
	las	dos	y cuarto
		tres	y media
		cuatro	menos cuarto

5 接続詞 *y* と *o*

1. y「そして」

- 2つ（以上）の要素をつなぐ役目をする。複数の要素が列挙されるときには、最後の要素間のみ y で結ぶ。

Después de desayunar, me ducho, me visto y me pongo las lentillas.

- y の直後に来る語が *i-* または *hi-*で始まるとき、*y* は *e* に変わる。

Por las mañanas suelo limpiar mi habitación e ir de compras.

2. o「または」

- 2つ（以上）の要素の中から 1 つを選ぶことを示す。複数の要素が列挙されるときには、最後の要素間のみ o で結ぶ。

Por la noche salgo con mi novio, con mi madre o con mis amigas.

- o の直後に来る語が *o-* または *ho-*で始まるとき、*o* は *u* に変わる。

Normalmente me levanto a las siete y media u ocho.

6 文をつなぐ表現

- después / luego「その後に」

Hago gimnasia diez minutos. Luego desayuno café con leche y una tostada.

- pero / aunque「しかし」「〜ではあるが」

Aunque muchos colegios tienen jornada continua, todavía hay colegios con jornada partida.

- por eso / así que「だから」

Hay dos horas para comer, así que la gente vuelve a comer a su casa.

- porque「なぜなら」

Los días de diario casi nadie duerme la siesta porque no hay tiempo.

- en cuanto a / sobre「〜について（は）」

En cuanto al horario de las tiendas es de 10:00 a 20:00.

- por ejemplo「例えば」

Desayunan poco, por ejemplo, un café con galletas o una magdalena.

- además「さらに」

Las tiendas abren de 10:00 a 20:00, pero cierran de 14:00 a 17:00. Además no abren los domingos.

Unadad 8

① 直接目的格人称代名詞　② se＋動詞の 3 人称　③ 順序を表す表現

1 直接目的格人称代名詞（3 人称単数・複数）

	単数「それを」	複数「それらを」
男性	**lo**	**los**
女性	**la**	**las**

1. 用法

すでに登場した直接目的語を「それ（ら）を」と言い換えるときに用いる。

*Freímos las gambas y **las** retiramos.*
直接目的語

*Echamos el tomate y **lo** freímos.*
直接目的語

2. 直接目的格人称代名詞の位置

活用している動詞の直前に置く。

（主語）＋ 直接目的格人称代名詞 ＋ 動詞

*Cortamos el pollo y **lo** freímos.*

2 se＋動詞の 3 人称「（事物が）～される」

se ＋ 動詞 3 人称単数 / 複数

「～によって」という行為者を明らかにしない表現の一つ。動詞が 3 人称単数か複数かは、その行為を受ける事物の数によって変わる。

Se calienta el aceite.
3 人称単数　単数名詞

Se añaden las verduras.
3 人称複数　複数名詞

3 順序を表す表現

最初に、まず	primero en primer lugar	*Primero, calentamos el aceite.* *En primer lugar, se abre el "cup ramen".*
2 番目に、次に、その後、続いて	en segundo lugar después luego a continuación	*En segundo lugar, echamos el agua caliente.* *Después, cortamos el pollo.* *Luego, añadimos el arroz.* *A continuación, echamos el tomate.*
最後に	al final por último	*Al final, ponemos el arroz.* *Por último, añadimos las gambas.*

Unidad 9

① 直説法現在完了　② 動詞 *ser, estar, tener, haber* のまとめ　③ 場所を表す表現

1 直説法現在完了

現在までに完了した事柄、現在までの経験などを表す。

Mi familia y yo *nos hemos cambiado* *de casa.*　（下線部は動詞 cambiarse の現在完了 1 人称複数。）

2 動詞 *ser, estar, tener, haber* のまとめ

1. 動詞 *ser*

ser	**soy**	**eres**	**es**	**somos**	**sois**	**son**

人や物の性質・特徴を表す。形容詞は修飾する名詞の性・数に一致する。

La casa es bastante grande. / *Mi habitación es pequeña.* / *(Mi calle) Es una calle muy tranquila.*

2. 動詞 *estar*

estar	**estoy**	**estás**	**está**	**estamos**	**estáis**	**están**

a. estar + 形容詞 / 副詞：一時的な状態、感情や体調などを表す。

Estoy muy contenta. / *¿Qué tal estás?*　*Yo estoy muy bien.*

b. estar + 場所を表す表現：存在するとわかっている人や物がどこにあるか（いるか）を表す。

Está cerca de la estación. / *A la izquierda de la entrada está la cocina.*

3. 動詞 *tener*

tener	**tengo**	**tienes**	**tiene**	**tenemos**	**tenéis**	**tienen**

所有を表す。英語の have に相当する。人や物、場所を表す名詞が主語になる。

El edificio tiene garaje. / *La casa tiene tres dormitorios.*

4. 動詞 *haber*

haber			**hay**			

a. 不特定の人や物が存在するかどうかを表す。現在形では常に hay が用いられ、存在する人や物が単数でも複数でも形が変わらない。

b. 存在する人や物を表す名詞には、次のような数量を表す語をつけることができる：

un / una, dos, tres…　algunos / algunas...　mucho / mucha / muchos / muchas…

En el barrio hay muchas tiendas y restaurantes. También hay algunos cines y dos teatros.

3 場所を表す表現

en「〜の中に」 en un piso / en el centro / en la calle / en el octavo C / en el salón			cerca de <> lejos de 「〜の近くに」「〜から遠くに」	
a la izquierda de <> a la derecha de 「〜の左に」「〜の右に」		sobre <> debajo de 「〜の上に」「〜の下に」	al final de 「〜のつきあたりに」	al lado de 「〜の横に」
enfrente de 「〜の正面に」	dentro de 「〜の中に」	entre 「〜の間に」		

Unidad 10

① 動詞 *gustar* と *encantar*　② *gustar* 型の動詞　③ *mi* + 名詞 + *favorito/a*　④ 派生語
⑤ *muy* と *mucho*　⑥ 動詞 *estar* と *haber*

❶ 動詞 *gustar* と *encantar*

「…は～が好き」という表現を作るには、好きな物や好きなことを主語にして、「～は（主語）…に（間接目的格人称代名詞）好かれる」という構文を用いる。主語（好きな物・こと）が単数形の名詞や不定詞で表される場合、動詞は 3 人称単数、主語が複数形の名詞のとき、動詞は 3 人称複数となる。

	間接目的格人称代名詞	動詞	主語
(a mí)	me	gusta encanta	la música española jugar al fútbol
(a ti)	te		
(a él / ella / usted)	le		
(a nosotros/as)	nos	gustan encantan	las películas de miedo los deportes
(a vosotros/as)	os		
(a ellos / ellas / ustedes)	les		

1. 好みを表す
   Me gusta jugar al fútbol y al baloncesto. / *¿Qué tipo de música te gusta?*

2. 間接目的格人称代名詞
   間接目的格人称代名詞 (me, te, le, nos, os, les) は省略できない。代名詞で表された人をより具体的に、はっきりと示したいときには、文頭に「a + 前置詞格人称代名詞」または「a + 名詞句」を置く。
   A mí me gusta correr. / *A mi madre le encanta la música clásica.*

¡ATENCIÓN!:　~~*Yo*~~ *me gusta jugar al fútbol.*　　*A mí me gusta jugar al fútbol.*

3. 好きな程度を表す mucho / nada
   me gusta/n mucho「とても好き」　*Me gusta **mucho** el cine.*
   no me gusta/n mucho「あまり好きではない」　***No** me gusta **mucho** el béisbol.*
   no me gusta/n nada「まったく好きではない」　***No** me gustan **nada** las películas de miedo.*

- 動詞 encantar も gustar と同じように用いられるが、否定文にしたり、mucho をつけたりはできない。

¡ATENCIÓN!:　*Me encanta* ~~*mucho*~~ *Shakira.*　　*Me encanta Shakira.*

4. también / tampoco
   también「～もまた（～である）」
   *A mi hermano y a mí nos encanta el rock, aunque **también** me gusta el jazz y el hip hop.*
   tampoco「～もまた（～でない）」
   *No me gusta mucho el béisbol y el rugby **tampoco** me gusta.*

- tampoco のような否定語が動詞の前にくる場合、no は不要になる。

¡ATENCIÓN!:　~~*Tampoco no*~~ *me gusta el rugby.*　　*Tampoco me gusta el rugby.*

5. *Lo que más me gusta*「一番好きなこと」/ *lo que menos me gusta*「好きではないこと」

lo que ～「～のこと」

Lo que más me gusta de la universidad *son* *mis compañeras.*

Lo que menos me gusta *es* *tener que hacer exámenes.*

2 *gustar* 型の動詞

parecer, interesar も gustar と同じように常に間接目的格人称代名詞を伴い用いられる。

parecer「～のように見える」 *¿Qué te parece la música clásica?* *Me parece muy interesante.*

interesar「興味がある」 *No me interesa nada la política.*

3 *mi* + 名詞 + *favorito/a*「私の大好きな～」

Mi color favorito es el rojo. / Mi comida favorita es la pasta.

4 派生語

元の語に接尾辞を付加することで、派生語が作られる。

zapato 靴
zapat - + ero → **zapat**ero 靴を売る人
zapat - + ería → **zapat**ería 靴屋、靴店

語によって接尾辞の付き方が変わるので、辞書等で確認する必要がある。

carne

→ carn*icero*

→ carn*icería*

5 *muy* と *mucho*

1. muy + 形容詞

Mi barrio es muy famoso. / *Hay dos monumentos muy importantes.*

2. mucho/a/os/as + 名詞

Hay muchos estudiantes. / *Tiene muchas facultades.* / *Hay mucha gente.* (Unidad 4 参照)

6 動詞 *estar* と *haber*

Unidad 4（57 ページ）参照。

Unidad 11

①*se* の用法　②時を表す様々な表現

❶ *se* の用法

1. se + 動詞 3 人称単数：「（一般的に）人は〜する」

行為者を明らかにしない表現の一つ。se は「人は、誰も」の役割をする。

La gente baila flamenco y bebe vino. ➩ *Se baila flamenco y se bebe vino.*

2. se + 動詞 3 人称単数 / 複数：「（事物が）〜される」

行為者を明らかにしない表現の一つ。動詞の数は、その行為を受ける事物の数によって変わる。

La feria se adorna con luces. / *Los ninots se colocan en las plazas.*

3. 再帰動詞の se：「彼 / 彼女 / あなた / 彼ら / 彼女たち / あなた方自身を（に）」を指す。

Las mujeres se visten con el traje de flamenco.

❷ 時を表す様々な表現

el 6 de julio 7 月 6 日に	en primavera 春に	el domingo 日曜日に
entre el 15 y el 19 de marzo 3 月 15 日から 19 日の間に	en verano 夏に	el primer sábado de enero 1 月の最初の土曜日に
el día 19 por la noche 19 日の夜に	en otoño 秋に	el segundo viernes de mayo 5 月の第 2 金曜日に
en la última semana del mes de abril 4 月の最終週に	en invierno 冬に	el último día del año 1 年の最後の日に
a principios de noviembre 11 月の初旬に	a mediados de marzo 3 月の中旬に	a finales de septiembre 9 月の下旬に

Unidad 12

①直説法点過去規則動詞　②直説法点過去不規則動詞　③直説法点過去の用法

❶ 直説法点過去－規則動詞

trabajar（-ar 動詞）

trabaj**é**	trabaj**amos**
trabaj**aste**	trabaj**asteis**
trabaj**ó**	trabaj**aron**

levantarse 再帰動詞（-ar 動詞）

me levant**é**	nos levant**amos**
te levant**aste**	os levant**asteis**
se levant**ó**	se levant**aron**

comer（-er 動詞）

com**í**	com**imos**
com**iste**	com**isteis**
com**ió**	com**ieron**

vivir（-ir 動詞）

viv**í**	viv**imos**
viv**iste**	viv**isteis**
viv**ió**	viv**ieron**

❷ 直説法点過去－不規則動詞

ir	**fui**	**fuiste**	**fue**	**fuimos**	**fuisteis**	**fueron**
ser	**fui**	**fuiste**	**fue**	**fuimos**	**fuisteis**	**fueron**
estar	**estuve**	**estuviste**	**estuvo**	**estuvimos**	**estuvisteis**	**estuvieron**
hacer	**hice**	**hiciste**	**hizo**	**hicimos**	**hicisteis**	**hicieron**
poner	**puse**	**pusiste**	**puso**	**pusimos**	**pusisteis**	**pusieron**

❸ 直説法点過去の用法

1. 過去において完結した行為を表す。次のような過去の時を表す表現と用いられることが多い。

ayer anoche anteayer	la semana pasada el mes pasado el año pasado el verano pasado	el lunes el martes el primer día del viaje	hace dos semanas hace tres meses hace cuatro años	en 1995 el 3 de enero de 2003

El verano pasado fui a España con mis amigas.

Yo visité el Museo del Prado y el Centro Reina Sofía.

2. その継続時間の長短にかかわらず、過去の出来事を既に済んでしまったこととして表す。

El viaje duró dieciséis días.

Estuvimos allí cuatro semanas.

正書法　Ortografía

適切な箇所にアクセント記号をつけたり、大文字・小文字を使い分け、コンマやピリオドなどの記号も正確に用いながら正しいスペイン語をつづることは、書き手の教養や知性の豊かさを表します。外国語で正しく書く、ということは簡単なことではありませんが、だからこそ学習のスタート時から、本書に出てくる単語や文によく注意して、書くときに少しでも疑問があれば辞書で調べ、またとても基本的なことですが、自分の書いたスペイン語を何度も見直してください。

A.　アルファベットのつづり

スペイン語を書くときに特に気をつけなければならないアルファベットの文字を挙げてみます。

1. **b, v**

どちらも [b] の音になります。

b: *Colombia, Barcelona, escribir, hablar, bailar, buenos días, abuelos*

v: *Venezuela, Valencia, vivir, ver, voy* (*ir*), *joven*

2. **h**

語頭 、語中、語末に出てきますが、書いてあっても発音されません。

語頭の **h**: *hola, hotel, hamburguesa, hacer, haber*

語中の **h**: *prohibir, exhibir, rehacer, prehispánico*

語末の **h**: *¡ah!, ¡eh!, ¡bah!*

3. **g, j**

j のあとに母音が、また g のあとに **e, i** が続くときは [x] の音になります。

j: *jamón, jersey, jirafa, jota, juez*

ge, gi: *general, girasol*

語幹最後の文字 g が [x] の音である動詞の活用では、a, o で始まる語尾の前で g は j に書き換えられます。

coger → *cojo*

g のあとに a, o, u が続くときは [g] の音になります。e, i の文字と一緒に [g] の音をつづるには、gue, gui のように u の文字（発音されない）を加えて書かなければなりません。さらに u も発音する場合は、u に分音符 (¨) をつけて güe, güi とつづります。

ga, go, gu: *gato, goma, guapo*

gue, gui: *guerra, guitarra*

güe, güi: *cigüeña, pingüino*

4. **c, k, q**

c のあとに a, o, u が続くとき、また q が que, qui のように u の文字（発音されない）を加えてつづられるとき、[k] の音になります。文字 k も同じ [k] の音ですが、外来語の表記に用いられます。

ca, co, cu, que, qui: *cama, copa, Cuenca, queso, Quijote*

k: *kiwi, anorak, karaoke, kárate, Kenia*

次のようないくつかの語は、k と q、k と c どちらの文字でもつづられますが、太字の表記の方がよく使われます。

bikini / *biquini*, **caqui** / *kaki*, **kilo** / *quilo*, **kimono** / *quimono*, **quiosco** / *kiosco*

5. **c, z, s**

cのあとにe, iが、またzのあとにa, o, uが続くときには[θ]の音、sは常に[s]の音になります。スペインの大部分の地域ではc, zの[θ]とsの[s]の音を区別しますが、アンダルシアやカナリア諸島、中南米のスペイン語圏など、区別しない地域もあります。

ce, ci: *cero, cine*
za, zo, zu: *zapato, zona, zueco*
s: *El Salvador, Sevilla, silla*

zのあとにe, iが続く語もまれにあります。
ze, zi: *zeta, zig-zag, Nueva Zelanda*

6. **s, x**

sは常に[s]、xは母音間や語末で[ks]の音になり、語頭では[s]になります。ただし*México*など[x]と発音する地名もあります。

母音間・語末の**x**: *examen, taxi, relax*
語頭の**x**: *xilófono, xenofobia*
例外: *México, mexicano, Texas* （*Méjico, mejicano, Tejas*のようにjでつづることもあります。）

7. **y, i**

単独または語末のyは母音[i]と同じになります。
単独または語末の**y**: *María y Juan, rey, voy, soy, doy, hay, muy, hoy, jersey*
子音の**y**: *ayer, yo, yegua*
接続詞yは、i-, hi-で始まる語の前ではeに変わります。
接続詞**y** → **e**: *padres e hijos*

8. **r, rr**

母音間や音節末、語末のrは舌先を一回だけ弾く[ɾ]の音、語頭やl, n, s, b, dのあとに続くrは巻き舌の[r]になります。常に母音間に出てくる二重字rrは巻き舌[r]の音です。

母音間の**r**: *caramelo, número, caro*
音節末・語末の**r**: *arte, amor*
語頭の**r**: *rápido, Roma*
l, n, s, b, d + **r**: *alrededor, Israel, subrayar*
rr: *perro, churro, terremoto, arroz*

9. **m, n, ñ**

mは母音の前や母音間、またb, pの前に現れて[m]の音になります。*hámster*などいくつかの外来語や、*currículums*のようにmで終わる語の複数形では、子音の前に来る場合もあります。文字nは[n]、文字ñは[ɲ]の音です。mとnが並んで出てくる語もありますが、その場合もmをきちんと発音し、nが並ぶ*innato, perenne*などの発音と区別しなければなりません。

母音の前・母音間の**m**: *mesa, metro, amor, Guatemala*
m + b, p: *Colombia, lámpara, hombre*
n: *niño, nervioso, pensar, tener*
ñ: *España, español, niño, señor*
m + **n**: *himno, amnesia*

B. 大文字と小文字の使い方

1. 次のような場合、大文字が使われます。

- 文頭やピリオドのあと

  Mi madre es enfermera. Es alta, delgada y rubia.

- 連続符 (...)、疑問符 (¿ ?)、感嘆符 (¡ !) などによって前の文が完結したあと

  ¡Hola! Me llamo Alfonso. Soy chileno. ¿Y tú? ¿De dónde eres?

- 手紙の冒頭のあいさつに用いられるコロン (:) のあと

  Querida María:

  Te escribo porque...

- 人名、地名、機関などの固有名詞の語頭

  Me llamo Alfonso. / *Tokio es la capital de Japón.* / *La Universidad Central está en Tokio.*

- 本や映画、絵画、テレビ番組などのタイトルの書き出し

  Por escrito 2 / *Cien años de soledad* / *Todo sobre mi madre* / *Un, dos, tres*

- 祝祭日の語頭

  Navidad, Año Nuevo

- 敬称の略語の最初の文字

  Ud., D., D[a], Sr.

- ローマ数字や略号

  XXI, ONG, UE

2. 次のような場合、小文字が使われます。

- 文が完結していない連続符 (...) 、疑問符 (¿ ?) 、感嘆符 (¡ !) のあと

  ¡Hola!, ¿qué tal?

- コロン (:) のあと

  Esta es mi familia, somos cinco: mi padre, mi madre, mi hermana pequeña, mi abuela y yo.

- 曜日、月、季節

  lunes, martes, enero, febrero, primavera, verano

- 敬称が略語でつづられないとき

  usted, don, doña, señor

C. アクセント（強勢）

スペイン語のアクセント記号は、母音の上に右から左へと斜め (´) に書かれます。どの音節を強く発音するかにより、アクセント記号がついたりつかなかったりします。アクセント記号がついていれば、その母音に強勢があります。アクセント記号をつけるルールは次の通りです。

1. 終わりから 3 番目（または 4 番目）の音節に強勢がある場合、強く発音する母音に常にアクセント記号がつく (*te**lé**fono, **nú**mero, **plá**tano...*)
2. 終わりから 2 番目の音節に強勢がある場合 (***que**so, **co**pa, za**pa**to, **gen**te...*)、-n, -s 以外の子音で終わる語では、強く発音する母音にアクセント記号がつく (***ár**bol, **lá**piz...*)
3. 最後の音節に強勢がある場合 (*hospi**tal**, ho**tel**, ha**blar***)、母音または-n, -s で終わる語では、強く発音する母音にアクセント記号がつく (*Pe**rú**, ca**fé**...*) (*Ja**pón**, ja**món**, esta**ción**...*) (*japo**nés**, es**tás**, in**glés**...*)
4. 二重母音の i, u が強く発音される場合、i, u にアクセント記号がつく (*María, Raúl, día...*)
5. 疑問詞には常にアクセント記号がつく (*qué, quién, quiénes, cuál, cuáles, dónde, cómo, cuándo, cuánto/-a/-os/-as*)

強勢語（アクセントを帯びる語）であっても単音節語にはアクセント記号はつきません (*yo, sol, muy...*)。ただし、同じつづりで異なる意味の語がある場合には、語を区別するためにアクセント記号をつけます (*el / él, si / sí, que / qué...*)。

D.　句読記号

句読記号の正しい使用は、文のあいまいさをなくし、内容をよりよく読み手に伝えるためにとても重要です。

1. コンマ (,)

短い休止を表します。通常イントネーションは上昇し、コンマのあとには文を完結させる内容が続きます。語をわけるために用いられますが、文や段落を終わらせることはありません。

- 発話内の短い休止を表す。列挙される要素をわけるために用いられるが、接続詞 (y, e, o, u) の前には置かれない。

  Es moreno, alto y fuerte. (U. 3)

- 手紙の書き出しのあいさつ（Hola など）の後ろ、相手の名前の前

  Hola, María:

- 手紙の別れのあいさつのあと

  Un abrazo,

- 通常 pero の前

  Es un poco serio, pero muy amable. (U. 3)

- 前に書かれた語を説明するとき

  Mi padre, Antonio, es moreno. (U. 3)

  Las Fallas, fiestas de San José, se celebran en Valencia. (U. 11)

- 関係詞を用いて追加の説明をするとき

  Las mujeres se visten con el traje de flamenco, que simboliza la belleza de las flores. (U. 11)

- 主節と副詞節をわけるとき

  Aunque es un día triste, en México se vive con alegría. (U. 11)

- 挿入句を入れるとき

  Me gusta mucho el cine, Johnny Depp me encanta, pero no me gustan las películas de miedo. (U. 10)

- *sin embargo*, *por tanto*, *en primer lugar*, *a continuación*, *en cambio*, *por último*, *además* など、文をつなぐ役目をする語句のあと

  A continuación, echamos el tomate y lo freímos. (U. 8)

  Además, hay corridas de toros. (U. 11)

- 曜日、または町の名前と日付をわけるとき

  Miércoles, 2 de julio de 2015 (U. 6)

2. ピリオド (.)

ピリオドはコンマよりも長い休止を表し、常に文や段落を完結させる役目を持ちます。コンマとは反対に、イントネーションは下降します。ピリオドのあとも行を続ける場合と、改行する場合、叙述を終わらせる場合の 3 つにわけられます。ピリオドのあとも行を続けるか、改行するかは書き手の判断によりますが、簡潔な段落となるように書くことをおすすめします。

文の完結を示す以外のピリオドの使い方は次の通りです。

- 略語の終わり

  págs. (páginas), *Ud.* (usted), *1.º* (primero), *U.* (unidad)

- 時刻の表記

  8.30, *17.20*（*8:30*, *17:20* のようにコロンを用いることもできる）

- 見出しとなる数字や文字のあと

  1., *2.* / *a.*, *b.*

3. コロン (:)

通常、説明などを始める前に置きますが、文や段落を終わらせることはありません。イントネーションは下降しますが、ピリオドよりは緩やかです。コロンの使い方は次の通りです。

- 要素を列挙して説明を始めるとき
  Esta es mi familia, somos cinco: mi padre, mi madre, mi hermana pequeña, mi abuela y yo. (U. 3)
- 手紙の書き出しのあいさつのあと
  Hola, amigos: (U. 3)
- 原因 (porque, ya que) や結果 (por tanto, por eso) を表す接続詞（句）の代わりに用いる
  La casa es bastante grande: tiene tres dormitorios, un salón-comedor, una cocina, una terraza y dos baños. (La casa es bastante grande porque tiene…) (U. 9)
- 前出の内容を例証したり、より詳しい説明を始めるとき
  Esta fiesta recibe a la primavera: el fuego quema las cosas viejas para permitir el nacimiento de las cosas nuevas. (U. 11)

4. 感嘆符 (¡!) と疑問符 (¿?)

感嘆文、疑問文の前後に置かれます。感嘆符は間投詞や、感嘆を表す文や語に、疑問符は物事を尋ねる文や語に用いられます。

¡Hola!, ¡Ah!, ¡Qué bien!
¿Cómo te llamas?, ¿Qué?

5. 引用符 (“ ”)

引用符には « »、“ ”、' ' があり、語句をきわだたせたり、発言を示したりします。引用符の使い方は次の通りです。

- 直接話法の中の発言を示す
  El profesor dijo: “Soy muy inteligente”.
- 外来語であることを示す
  Durante todo el año se realizan los “Ninots”. / *“Nit del foc”* (U. 11) / *“cup ramen”* (U. 8)
- 文字や語、表現など、言語について記述するとき
  El nombre se escribe “erre, i, e” y el apellido “eme, o, erre, i”. (U. 1)

6. かっこ ( )

通常、始まりの記号と閉じる記号が書かれますが、見出しとなる数字や文字には *1), 2), a), b)* のように閉じる記号だけ用いられることもあります。挿入句や補足説明などを囲んで用います。

Los Sanfermines (Pamplona, Navarra) (U. 11)

7. ハイフン (-)

ハイフンは短い横線の記号で、使い方は次の通りです。

- 一語が行末で区切られるときに用いられる。2行にわけるときには、語のつづりを音節でわけなければならない。

  telé- / fono,　princi- / pal　　　×*tel- / éfono,*　×*pri- / ncipal*
- 複合語で
  salón-comedor (U.9)

Paloma Trenado（パロマ・トレナド）
清泉女子大学准教授
Juan Carlos Moyano（ファアン・カルロス・モヤノ）
清泉女子大学専任講師
齋藤　華子（さいとう　はなこ）
清泉女子大学教授

表紙製作協力・本文イラスト：遠藤　佐登美
表紙・デザイン：Juan Carlos Moyano
写真提供：Shutterstock
表紙製作：アップルボックス

書ける！スペイン語１
Por escrito1

2015年２月１日　初版発行　　定価 本体2,600円（税別）
2021年４月１日　３版発行

著　者　Paloma Trenado
©Juan Carlos Moyano
齋　藤　華　子

発行者　近　藤　孝　夫

印刷所　株式会社 坂田一真堂

発行所　株式会社　同　学　社
〒112-0005　東京都文京区水道１－10－７
電話(03)3816-7011(代)・振替 00150-7-166920

ISBN978-4-8102-0426-1　Printed in Japan
(有)井上製本所

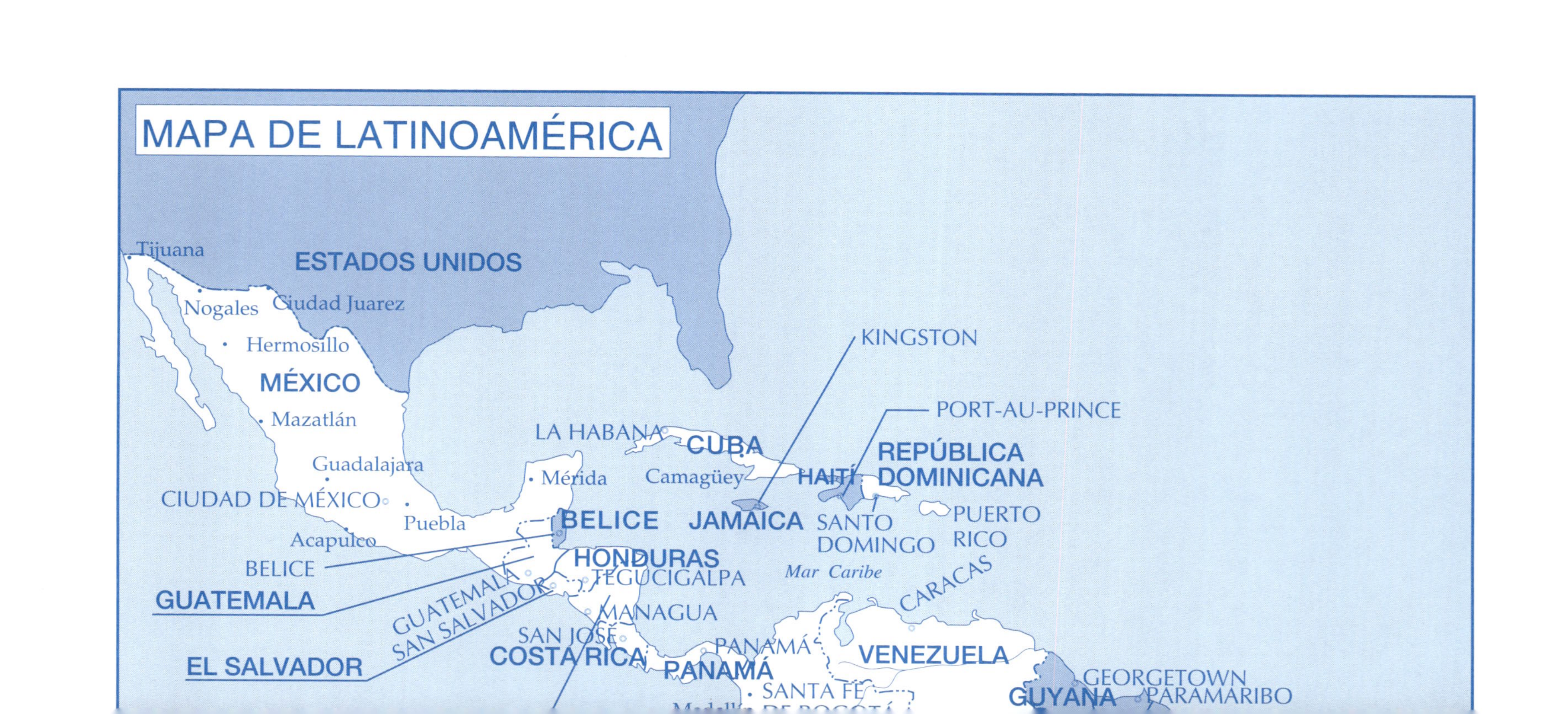
MAPA DE LATINOAMÉRICA
Tijuana
ESTADOS UNIDOS
Nogales
Ciudad Juarez
Hermosillo
MÉXICO
Mazatlán
Guadalajara
CIUDAD DE MÉXICO
Puebla
Acapulco
BELICE
GUATEMALA
EL SALVADOR
GUATEMALA
SAN SALVADOR
LA HABANA
Mérida
CUBA
Camagüey
BELICE
JAMAICA
HONDURAS
TEGUCIGALPA
MANAGUA
SAN JOSÉ
COSTA RICA
PANAMÁ
PANAMÁ
SANTA FE
KINGSTON
PORT-AU-PRINCE
HAITÍ
REPÚBLICA
DOMINICANA
SANTO
DOMINGO
PUERTO
RICO
Mar Caribe
CARACAS
VENEZUELA
GEORGETOWN
GUYANA
PARAMARIBO